Friedrich Ohlenschlager

Die Flurnamen der Pfalz und ihre geschichtliche Bedeutung

Friedrich Ohlenschlager

Die Flurnamen der Pfalz und ihre geschichtliche Bedeutung

ISBN/EAN: 9783743374492

Hergestellt in Europa, USA, Kanada, Australien, Japan

Cover: Foto ©ninafisch / pixelio.de

Manufactured and distributed by brebook publishing software (www.brebook.com)

Friedrich Ohlenschlager

Die Flurnamen der Pfalz und ihre geschichtliche Bedeutung

Die Flurnamen der Pfalz

und ihre

geschichtliche Bedeutung.

—◆—

Von

F. Ohlenschlager
Gymnasiallehrer
in
Speyer.

Speyer.
Dr. Jägerschen Buchdruckerei.
1882.

Wie in den Städten die Straßen und Plätze mit bedeutsamen Namen belegt werden, um sie kurz und sicher zu bezeichnen, so belegt auch der Volksmund die einzelnen Abteilungen von Feld, Wald und Wasser mit eigenen Namen, die unterrichtet aber mit geringen Veränderungen von Geschlecht zu Geschlecht überliefert oft in sehr ferne Zeit zurückreichen.

Diese Namen sind den mannigfachsten Anlässen entnommen; bald bezeichnen sie die Lage z. B. Sommerseite, Morgenseite; bald die Gestalt: Hörnern, Dreiseit, im Winkel; bald der Größe: 20 Morgen, aber die Bestockung: Buchet, Eichet, Schwarzwald; die Bodenart: Sandfeld, Steiniger Acker, den Besitzer und Anderes.

Nicht selten aber haben geschichtliche Ereignisse, Sitten und Gebräuche, Funde oder vorhandene Menschenwerke den Namen veranlaßt; der ersten Gattung entstammen die Namen Bechtold, Totenweg, Tanzplatz, Schwörer, der letzten Namen wie Kirchberg, Wart, Mauerweg, Karnplatz, Einsiedel, Steinerner Mann, Mühlmorgen, Galgenberg und ähnliche.

Solange der Gegenstand besteht, der den Namen veranlaßte, dient der Flurname selbst nur zu dessen kurzer Bezeichnung, ist aber der Anlaß selbst verschwunden und größer, so hält der Flurname oft noch Jahrhunderte lang das Andenken an dessen Vorhandensein fest, bezeugt dessen früheren Bestand und wird dadurch in dieser Hinsicht zu einer Urkunde

1

ersten Ranges. So bezeugt der Flurname Mühlacker das Vorhandensein einer Mühle, Stadtfeld, das frühere Dasein einer Stadt, auch wenn Mühle und Stadt längst verschwunden und unsichtbar geworden sind.

Derartige Namen bilden häufig die einzige Erinnerung an frühere Vorhandenheit, wenn selbst die Sage und mündliche Ueberlieferung aufgehört hat, sich mit dem Gegenstand zu beschäftigen. Aus diesem Grunde sind die Flurnamen für die historische Topographie von größter Wichtigkeit und verdienen sorgfältige Beachtung.

Geben sie ja aber der Besiedelungsart, den Verkehr, die Beschäftigungen und Bodenbestellung die mannigfachsten Aufschlüsse; sie deuten uns auch die Stellen an, wo mit Aussicht auf Erfolg Bodenuntersuchungen zu geschichtlichen Zwecken gemacht werden können.

Es ist demnach eine wichtige, ja ich möchte sagen notwendige Aufgabe die vorhandenen Flurnamen möglichst vollständig zu sammeln, damit sie zu allgemeiner Kenntnis kommen und damit möglichst viele Forscher sich an ihrer sprachlichen und geschichtlichen Verwertung beteiligen können. Einleuchtend ist es aber auch, daß eine solche Sammlung nicht mit einem mal vollständig werden kann, und daß es die Kräfte eines Menschen weit übersteigt auch nur die bereits vorhandenen Quellen zu diesem Zweck alle beizuziehen.

Je mehr Hände sich an der Sammelarbeit beteiligen können, um so mehr wird die Arbeit sich der Vollständigkeit nähern, um so eher geschichtliche Brauchbarkeit gewinnen.

Daß eine solche Sammlung Bedürfnis ist, beweisen die mehrfachen früheren Versuche einzelne Flurnamen zu sammeln und zu deuten, und die reiche Literatur, welche jetzt schon in anderen Ländern und Landesteilen über dieselbe besteht. Mit den Bludzer Orts- und Flurnamen beschäftigte sich v. Buchner, der im Intelligenzblatt für 1825 S. 75 sub die mit Heiden gebildeten Namen und in demselben Blatt Jahrgang 1826, 1827 und 1828 eine Zu-

Zusammenstellung der in der bayrischen Pfalz eingegangenen Ortschaften mitteilte, ferner **Mone**, der in seiner Urgeschichte des badischen Landes mehrfach pfälzische Flurnamen verzeichnet, **Heintz** in seiner namenkundlich erschienenen Schrift: die bayerische Pfalz unter den Römern 1863 und Erloschene Ortsnamen, in den Mittlg. d. histor. Ver. d. Pf. V (1875) S. 49—125 und schließlich Dr. Christ. Neville, der gelegentlich einzelne Flurnamen behandelt und die Flurnamen in den Kantonen Zweibrücken und Blieskastel im Anzeiger für Kunde der deutschen Vorzeit 1873 mitgeteilt hat. Einen Vortrag gehalten von dem Verfasser 1885 in der I. Moderne der Wissenschaften besprochen unter dem Titel: „Sage und Forschung" die geschichtliche Bedeutung der Flurnamen für die bayerische Geschichte im Allgemeinen und auch die pfälzischen Namen, soweit derselben damals bekannt waren.

Um nun dem Sammelgeschäft eine Art gleichförmiger Grundlage zu geben, habe ich selbst die größte Flurnamensammlung, die mir bekannt, durchgelesen, nämlich die sämtlichen Flurpläne und Katasterkarten der Pfalz, und bitte den nachsichtigen Leser, was mir historisch bedeutsam oder verdächtig schien, mit der Bitte, mir gleiche oder ähnliche Namen, welche in den nachfolgenden Verzeichnissen nicht erscheinen, gütigst mitzuteilen.

Außer den Flurplänen wurden noch beigezogen die Forstwirtschaftskarten der Pfalz in Maßstab 1 : 25000, welche die Waldnamen enthalten, sowie die hierhergehörigen Blätter des topographischen Atlas von Bayern n 101—112.

Es sind dies wohl die reichsten und auch die zuverlässigsten Quellen der Flurnamen; trotzdem aber enthalten selbst die amtlichen Flur- und Waldpläne im Maßstabe 1 : 2500 oder 1 : 5000 keineswegs alle vorhandenen Flurnamen und die daselbst aufgezeichneten Namen entsprechen nicht immer den volkstümlich überlieferten Namen, denn die Flurnamen werden meist in ortsüblicher Mundart vorgebracht; das Verstehen der Mundart, sowie deren Übertragung in die Schriftsprache wird häufig zu einer Quelle von Mißverständnissen und Irrthümern, die zuerst beseitigt werden müssen, ehe man den Flurnamen deuten oder als Grundlage einer geschichtlichen Behauptung benützen kann.

Zur Berichtigung der so entstandenen Fehler können am meisten die ortsansäßigen Leute, namentlich die Gebildeten beitragen, denen die örtliche Mundart und die Schriftsprache gleichmäßig bekannt sind, während der Gegentheil der Mundart dem Topographen, der die Flurkarten aufnimmt, da er oft aus einem entlegenen Landestheil kommt, selten so bekannt und geläufig ist, daß ihm deren Uebertragung in die Schriftsprache fehlerlos gelingt.

Man hört daher öfter über unrichtige Wiedergabe und Aufzeichnung der Flurnamen klagen, aber ich erinnere mich nicht, daß der einzige wirksame Weg der Berichtigung je eingeschlagen worden wäre, derartige Fehler dem zuständigen Geometer oder dem Kataster-Bureau mitzutheilen, die gewiß gerne für Verbesserung gesorgt hätten.

Ich ersuche daher Alle, welche unter den später erwähnten Flurnamen einen Fehler finden, mir denselben gefäll. mitzutheilen, womöglich mit Andeutung der örtlichen Aussprache.

Zum richtigen Verständniß und zur Deutung der Namen ist es häufig nöthig die örtliche Beschaffenheit der Fluren und Wälder kennen zu lernen und zwar sowohl ihren äußeren Umriß, wie ihre verticale Gestaltung (Berg, Thal), dann den Stoff (Stein, Lehm, Sand und dgl.) und die Eigenschaften (feucht, glatt, fett, dürr, trocken, naß und dgl.) an der Oberfläche.

Ebenso wichtig sind die Ueberlieferungen, welche sich an die Ortschaften knüpfen, und deren Aufzeichnung und Sammlung auch dann nöthig, wenn uns dieselben namenschmücklich und unglaublich, ja selbst lächerlich vorkommen, denn manchmal steckt in der unscheinbarsten Sage ein geschichtlicher Kern, der uns die Lücken in der schriftlichen Ueberlieferung in wirksamer Weise ergänzen hilft.

Wer aber die Sagen und Ueberlieferungen gesammelt vor sich liegen sieht und sich aufmerksam damit beschäftigt, wird bald der echte Ueberlieferung von den willkürlich gemachten Sagengebilden und die sagenhafte Umhüllung von dem geschichtlichen Kern zu scheiden lernen und verstehen.

Jede Mitteilung solcher Ueberlieferungen wird mit Dank entgegengenommen.

Gute viele Flurnamen bieten auch die Saalbücher (Lagerbücher, Urbare, Gerev und Waldbeschreibungen), von denen hier nur einzelne gelegentlich benützt sind, sowie alle Karten der Flurer, die noch hie und da in Gemeinden und Höfen aus früherer Zeit sich vorfinden, desgleichen die Weistümer, welche meist auch alte und darum weniger gefälschte Schreibungen der Flurnamen enthalten.

Diese Quellen sind, wie schon erwähnt, noch nicht ausgebeutet oder gar erschöpft, und nur einer größeren Anzahl von Forschern mag es im Laufe der Jahre gelingen, diesen umfangreichen Stoff zu bewältigen.

In welcher Weise die Flurnamen nutzbar gemacht werden können, möge an den folgenden Beispielen dargelegt werden.

Es gibt eine große Anzahl solcher Namen, die mit Heiden zusammengesetzt sind; dieselben verdanken ihren Ursprung: Teil dem Heideland (dem trockenen Grasboden), zum großen Teil aber auch der Gewohnheit alles Nicht-christliche, also auch das Vorchristliche (Römische), kurzweg als heidnisch zu benennen, infolge dessen auch Alles, was mit den Hunnen zusammenhängt, die in der Pfalz und in Franken vielfach noch als Heiden (Orde, Harte) bezeichnet werden. Ebenso wurde Alles, was man als uralt oder unbekannten Ursprungs bezeichnen wollte, mit diesem Namen belegt.

Nun sind an einer größeren Anzahl von Plätzen, die den Namen Heiden-feld — burg — oder und ähnliche führen, Ueberreste aus früherer Zeit aufgefunden worden; Heidenfeld heißt die reiche Fundstelle römischer Altertümer bei Heddersheim, und denselben

Namen führt die Flur bei Dürkheim, wo im J. 1864 der bekannte schöne Dreifuß nebst andern Gegenständen gefunden wurde. Die Heidenburgen bei Oberhausenbach, bei Kriemhach und bei Waldfischbach haben sich als Befestigungen aus spätrömischer Zeit erwiesen.

Heidenhügel heißen die alten Grabhügel bei Erlenbach und Thierbach N. I. 21 und S. I. 10.

Im Heidenhübel a. vom Wachwerk S. XIII. 38, wurde ein viereckiges Gewölbe, wahrscheinlich eines kleinen Tempels, gefunden. Wachenheim gegenüber am Fuße der westlichen Anhöhen von Rimbach, Dürkheim und Niederkirchen jenseits der Isles fand sich ein Heidenhügel mit „dem Grab der Heidenprinzessin" (Weber, d. Pfalz und d. Pfälzer S. 691). Der Heidenhübel bei Herrenholzheim S. XIII. 42 soll ganz verhaut gewesen sein und jetzt nach werden dort viele römische Ziegel angetroffen. Auf dem Heidenhübel bei Heimheim S. XVII. 40 wurden 1841 Gebäudegrundmauern, Skulpturen, Geräte, Münzen u. s. w. gefunden.

Allgemein bekannt ist die Heidenmauer bei Dürkheim, die größte vorgeschichtliche Befestigung der Pfalz, auch der Heidenschuh auf dem hochgelegenen östlichen Abhänge des Drachenberges S. XVI. 15, enthält Reste uralter Mauern und Wälle.

Von dem Heydenlay bei Breitenbach S. III. 37 erzählt Tilemann Stella: die Bauern daselbst berichten, daß vor alten Zeiten ein heidnischer Tempel darauf gestanden sei.

Die Heydenlöcher auf dem Mariaberg bei Oberotterbach S. IV. 9 liegen in einem alten Ringwall und erscheinen als Grundbauten alter Wohnungen, während der Heidenfels bei Erabtbach S. IV. 27. seinen Namen einer dort befindlichen römischen Skulptur verdankt.

Es ist daher wahrscheinlich, daß auch die übrigen mit Heiden bezeichneten Fluren zum Teil ihre Namen ähnlichen Funden verdanken, die nicht bekannt geworden sind und eine erneute Untersuchung oder Beobachtung der bezeichneten Stelle rätlich erscheinen lassen.

Im allgemeinen ist bei all diesen Stellen die Untersuchung auf Grund folgender Fragen zu führen.

1. Hat die Flur noch den angegebenen Namen?
2. Wie wird dieselbe von den Ortseinwohnern ausgesprochen?
3. Knüpft sich eine Erzählung (Sage) an die Stelle? z. B. von einer Schlacht, Gespenstern, Zauber, Erscheinungen.
4. Wie ist die Stelle beschaffen und bebaut? In wessen Besitz? *Namensurn*
5. Wurden daselbst früher Funde gemacht, z. B. Mauern, Erdsicherungen (Wälle, Gräben), Denksteine (Inschriften), Gräber (Grabhügel, Särge), Münzen, Waffen (Lanzen u. s. w.), Schmuckgegenstände, Geräte (Scherben)?
6. Sind noch Ueberbleibsel dieser Funde am Platz oder sonstwo?
7. Sind noch andere Namen dieser Art vorhanden, welche hier nicht erwähnt sind?

Schon Präsident v. Stichaner, der sich um die Pfälzer Geschichte sehr verdient gemacht hat, stellte im Intelligenzblatt des Rheinkreises von 1838 n 7 S. 75, 76 eine Anzahl Örtlichkeiten zusammen, die mit dem Namen Heiden bezeichnet werden. Es sind deren 37. Ich bin in der Lage nachstehend 170 Stellen zu nennen, und doch ist sicher auch mit diesen die Gesamtzahl noch lange nicht erschöpft.

Wo ein Steuerkatasterauszug angeführt wird, sind in der Nähe gemachte Funde bekannt geworden. Die dabei stehenden Zahlen geben die Nummer des Steuerkatasterblattes an, in welchem die genannte Flur liegt.

Im Heiden zwischen Bergzabern und Oberotterbach S. XX. 15.
Heidenacker bei Walkerscheid S XVI. 14.
Heidenackerfeld bei Bockenbach S. XXI. 19, bei Hördt S. XVI. 5, bei Niederlustadt S. XII. 5, bei Erlenbach S XIX. 8, bei Berzalben S XII. 23.
Heidenackerpfad bei Heuernthen S. VIII. 20.
Heidenackerteich bei Dörrenbach S. XX. 15.

Heidenäcker bei Ingenheim S. XVII. 13, bei
Ungstein S. XII. 4, bei Johannweiler
N. VII. 16, bei Nebelshem S. XVII. 37,
bei St. Alban N. X. 19, bei Alsenbrück N.
V. 18, bei Justheim S. XVII. 9.
Heidenbaum bei Sternbach N. III. 34.
Heidenberg, Urbruchäcker bei Bobenheim
S. XIV. 12, bei Gehraberg S. XVII. 20,
bei Vorbach N. 1. 27, bei Neubornbach S.
XV. 24, bei Westerlinbach S. X. 25, bei
Kirchweiler S. XII. 30.
Heidenbergel bei St. Martin S. X. 12.
Heidenbolch bei Merken N. II. 36, bei Bubach
S. I. 37.
Heidenborn bei Nornheim N. VII. 13.
Heidenbruch bei Hamberg S. VIII. 35, bei Schrollbach
S. II. 31.
Heidenbund bei Debenhofen S. VII. 9.
Heidenbrüdel Brücke über den Heidengraben
zwischen der Gemerke und dem Benn Ingelheim
auf der Straße von Speyer nach Neustadt.
Heidenbrunnen bei Obersülzbach S. XX. 15,
bei Königsberg S. VII. 13.
Heidenbudel bei Heuersheim S. XV. 19, bei
Schwarzwald S. X. 36.
Heidenbühl bei Nothern N. XII. 23, bei Schwarzenland
N. VII. 31.
Heidenburg bei Gommersdingen S. VI. 10, Wald
bei Kirmbach N. IV. 24, bei Oberhausenbach
N. II. 30.
Heidelsburg bei Baltschbach S. XI. 24, die
letzten drei mit spätrömischen Befestigungen.
Heidendell bei Ottweiler N. XII. 23.
Heidendöll bei Dahn S. XVII. 21.
Heideneck bei Weigartsweiler S. XII. 20, bei
Ortesberg S. VIII. 24.
Heidenegert bei Untersülzbach S. XX. 16.
Heidenfeld bei Weiseraben a. G. N. I. 7, bei
Lambsheim N. II. 6, bei Rofratopf S. VII. 32,
bei Rathweiler N. VI. 33, bei Nußbach

S. VI. 16. an der Straße nach Brandschweiler oder Spizelhof. Intelligenzblatt 1823 S. 690. bei Dürrweiler-Tiefenbach N. VI. 36, bei Dürkheim; der nördliche Teil des Hardenburg-Dürkheimer Gartenwaldes.

Heidenfeld im Annweyerer Wald S. I. 11, bei Rodenbach S. IV. 27, Intell. Bl. 1821 S. 754, bei Ottersheim S. VII. 23.

Heidenfled b. Elberefeld N. IV. 16.

Heidengarten bei Steinbach S XII. 32, bei Albsheim a. d. Pfrim N. VIII. 23, siehe Heinz b. Pfalz S. 66.

Heidengärten, Gartenfeld bei Stadt S. XVI. 5, Intell. Bl. 1830 S. 348 Widder II. 445, Feld bei Dudenhofen S VIII. 13.

Heidengasse, Weg bei Albsweiler, von Unterhambach herkommend.

Heidengässel, Weg bei Dudenfeld S. VIII. 10.

Heidelgewann bei Sommersheim S. X. 6.

Heidengewann bei Eisenfeld S. XII. 4, bei Schellweiler N. II. 33, bei Speyerer N. II. 35.

Heidengraben zu Heinrichsbach N. IV. 32. Intelligenzblatt 1823. S. 537. — ein Graben, der in einem Sumpf bei Hambach seinen Ursprung nimmt und in den Rauschgraben zieht. S VIII. 4, ein Graben, der die Gemarkungen von Dudenfeld und Hambach zwischen der Chaussée und der sog. Schmalstraße trennt S. VIII. 19. 11; in der Dudenfelder Gemarkung stehen darauf die „Römischen Steine." An der Schmalstraße wurden schon Grundmauern alter Gebäude gef. — b. Bergzabern S. XIX. 15, bei Münchsten N. IV. 37, bei Steinbach N. IV. 32.

Heidenhalde bei Dahn S. XVI. 22, bei Friedenbach S. VI. 23.

Heidenhaus bei Friedenbach N. X. 23.

Heidenhebel bei Friedenbach S. VI. 23.

Heidenhof bei Obersteinbach S. XX. 15.

Heidhübel bei Spirkelbach S. XIV. 16.

Heidenhäbel bei Blickweiler S. XIII. 38, südlich bei Gersheim S. XVII. 40, südlich bei Rheinheim S. XVII. 40, bei Herbitzheim S. XIII. 42, bei Dehn S. XVI. 22, bei Hinterweidenthal S. XV. 22, bei Schönbach S. XVII. 21, Wald bei Schwegenheim X. XI. 17. 18, bei Hassloch N. I. 34, bei Schifferstadt N. II. 33, bei Bruchmühlbach S. V. 32, bei Einöbach N. I. 31, bei Rothweiler S. L. 28, bei Wilhelm S. XV. 30, bei Holz X. XIV. 21, bei Eschelberg S. VIII. 24, bei Gundersweiler N. V. 21, bei Gross-Jngweiler S. X. 36, bei Bergzabern S. XIII. 36, Staatswald im Bann des Kaiserbacher Hofes; am kleinen Heidenhäbel bei Einöbach N. I. 32.

Heidenhügel bei Niederauerbach S. XII. 40, Grabhügel bei Erfenbach N. L. 19.

Heidenhütte bei Mittelbexbach S. VI. 29.

Heidenkeller bei Bobenheim S. XV. 41.

Heidenkirchhof Feld auf dem Wege von Bergzabern nach Klingenmünster, wo Särge ausgegraben worden, bei Hörschweiler S. X. 37.

Heidenkupischen bei Hambheim N VII. 26.

Heidenkopf, Wald bei Schönbach S. XV. 42 — bei Wattenheim S. L. 16, bei Reichenberg S VIII. 22, bei Lambsborn S. VI. 32, bei Odels N. XI. 15, bei Gerhardsbrunn S. VII. 29, bei Friedrichsthal S. VI. 29, VII. 28, bei Schwarzbach N. I. 28, bei Dimweiler N. V. 26, bei Bernhardsbach S. XVI. 36, bei Knopfweiler S XIII. 34, bei Weidenthal S. V. 16, bei Heltgramsthal zweimal N. III. 22. 23, bei Elmstein S. XV. 27, bei Balthalden S VIII. 29, bei Indweiler N. VI. 23, bei Niederauerbach S. XI. 34, bei Bedesbach S. II. 37, (nach Tilemann Stolze, bei Hornz S 81, aber in den Spezialkarten nicht zu finden) — Wald auf den Bergen von Hotzel und Forbach, eher zu

Schweinsbanken N. III. 22, bei Tappstadt S VII 22.

Heidenköpschen bei Obernarbach S. X. 33.
Heidenkornberg bei Hartberg S. VIII 18.
Heidenkreuz, Feld bei Dahnheim —
Heidenlöcher, Wohnmauerwerke auf dem Marienberge bei Orbertsheim S IV 10. Jahrbl. 1827 n 31.
Heidenloch auf dem Königsberg bei Neustadt a. H., bei Durlsheim S XIV. 10.
Heidenmauer bei Odesheim, bei Gelnhabt.
Heidenreich, Feld bei Durlsbach N. V. 30.
Heidenröder bei March S. XXII 7.
Heidenschloß, Ruine eines Gebäudes im Gem. Wald von Gommersdingen S. VI. 10, bei Gülsheim. Ihren weisen mit einem rechten Weg von dem Herdenschloß — — bis auf die Straßen." Christum von 1537, Heinz d. Pfalz S. 92.
Heidenschuh, Felsen im Gewerbewald von Ringwankster, worin die Form eines hösischen Fußes ausgedrückt sein soll S. XVI 15.
Heidenstell bei Undenbach N XI. 23.
Heidenstiel bei Wassheim N. VI. 27.
Heidenstock bei Sommersheim S. XI. 8, bei Gommersheim S X. 8, bei Frankenthurm N. IV. 5, bei Markmauer, Ecke des Heiligenbergts bei Mergassen S XII. 23, Feld bei Dambach, Feld bei Dansheim.
Heidenstraße bei Dartheim S. IX. 4.
Heidenthal bei Retterheim S XX. 21.
Heidenturm heißt der Knochturm von Niederechen S. IV. 8 und zu Kilsterungen N. II. 12 stand am Eingange rechts noch vor 40 Jahren der Heidenturm.
Heidenthurnchen heißt ein mittelalterlicher Turm an der Rheinseite von Speier.
Heidenviertel bei Haubt S XVI 5.
Heidenwald bei Brunnheim N. VII 24.
Heidenweg bei Ramberg S. XI. 14, am Mittel-

heingrunde S. XI 15, kommt von dem Uebenschlag Heidelberg zwischen Rußdorf und Godramstein herab, zieht über das Orenschthal, dann bei der Kreuzmühle der Linköhe heraus, wendet sich westlich und läuft zwischen Birkweiler und Ranschbach gegen den Trifels oder Anneweiler (durch die Gemarkung von Godramstein S. XIV. 12. Birkheim S. XIV. 13, Ranschbach S XIV. 14.

Heidbswegelchen u bei Oberneschel N. XII. 22 nach mündl. Mitth. d. H. Präparanden lehrer Eb.

Heidenwies bei Alsweiler S. XIII. 40, bei Orbis N. X. 15.

Heidenwingert bei St. Martin S. IX. 11, Heidenwegelchen siehe oben.

In ähnlicher Weise wie der mit Heiden gebildeten Flurnamen sind auch die mit Teufel zusammengesetzten Namen entstanden, nur tritt hier noch der Begriff des Uebernatürlichen und Unheimlichen hinzu; ich erwähne hier nur der Namen: Teufels- altar — fels — graben — horst — kanzel — kehl — loch — lade — pfuhl — stuhl — tisch — wiesen.

So belegte das Volk die großen Reste des römischen Grenzwalles mit dem Namen Teufels- mauer; ein großer Felsblock nördlich bei der Dürk- heimer Ringmauer S. L. 10. wurde der Sage nach vom Satan dort hingelegt und führt daher den Namen Teufelstein (Geschr. d. Pfalz und die Pfälzer S. 325). In Dürrweiler treibt der Teufel im Teufelsberg und Teufelsfelsen heute noch sein Unwesen und durch das Teufelsloch im Moden- bacher Thal zieht brausend im Sturm das wilde Heer. (Geschr. a. O. S. 379)

Gleiche Bedeutung wie Teufel mag auch Hölle beim Volk gehabt haben, es dornte zum Ausdruck des Schaurigen, Unsicheren. In der "Röhrnhölle" bei Düffler N. II. 34 wurde 1844 eine umfangreiche römische Begräbnißstätte entdeckt. Die Götzenäcker

Götzenstad, Götzenbach, Götzenheide, können nach Besitzern oder Bewohnern des Namens Götz benannt sein, weisen aber gewiß auch hier auf Standorte römischer Bildwerke oder Stätten heidnischer Götterverehrung hin.

Bei der Ortsbenennung „Steinerner Mann" läßt sich das Vorhandensein eines Standbildes fast sicher voraussetzen, auch wenn jetzt keine Spur davon mehr vorhanden scheint.

Eine Beschreibung bei Oberheßbach S. V. 87 heißt von jeher „am steinernen Mann" von einem uralten steinernen Bilde, der als Rastplatz diente und auf dessen einer Seite nach der Gestalt des Herkules kenntlich war.

Die Benennung „Steinerner Mann" findet sich ferner ½ Stunde von Sulzbach N. IV. 30 am fränkischen Teile des Hermesberges (urkundlich Herrmannsberg); dann zwischen Erbesbach und Oberalben N. V. 82; ebenso nördl. bei Saurnbach S. I. 33 bei diesem Orte waren ums Jahr 1780 zwei Steine ausgefunden worden, einer mit dem Bilde des Merkur, ein anderer mit dem der Juno, doch ist nicht überliefert, ob dieselben in der Flur Steinerner Mann zum Vorschein kamen. (Intelbl. des Rheinkr. 1825 n. 24 S. 120 u. Jhg. V.)

Weiter ist zwischen Rothselberg und Roßbach N. IV. 27 und endlich auf der bayerischen Ebene des Wingertsberges bei Frankelbach S. XIII 14 eine Gewann „am steinernen Mann" wo sich der Sage nach die Alten zur Feier des Frühlingsfestes um Steinwerfen übten und dabei einen Steinernen Mann errichteten." (Beder. d. Pfalz S. 335.)

Einer sehr alten Zeit scheinen die bei „langen Steine" anzugehören; ob sie als Grenzsteine zu betrachten sind, oder zur Bezeichnung der Mal- und Gerichtsstätten dienten, läßt sich zur Zeit noch nicht entscheiden, denn auch die Namen Marstein und Malstein lassen beide Deutungen zu; die Ueberlieferung, daß noch im vorigen Jahrhundert kirchliche Processionen zu dem Gollenstein bei Blieskastel gegangen seien, sowie der Kerne ein gehauene bogenförmige Nische (Sacellum) mit den Buchstaben IHS beweisen daß dem Stein auch eine Art religiöser Bedeutung anhaftete, die später christianisiert wurde. Gerade zur Feststellung ihres Zweckes verdienen alle Stellen, welche diesen oder ähnlichen Namen tragen, aufmerksame Beachtung. Ihrer Gestalt wegen heißen sie auch Spiel- (-Spindel spel-ans, dunkel-ans. Stemann M. Mittelhoch. Wörterbuch) oder Kunkelsteine; dem lateinischen colus (Kunkel) mögen die Namen Goldenstein, Golgenstein entstammen, welche noch vorhandenen Steinen derart anhaften, während der Name Distelstein vielleicht aus dem seltneren Kunkelstein mundgerecht gemacht oder aus Hünerstein umgebildet worden ist, das sich ebenfalls findet und auf uralte Zeit deutet.

Der Stein bei Ellerstadel wird von den Landbewohnern nur Goldenstein genannt; der Name Gothenstein im Forster ist wahrscheinlich durch einen Schreibfehler entstanden, obwohl sich an den Namen schon die Volkssage geknüpft hat, daß Gothenstein der rechte Name sei und die Gothen zur Zeit der Völkerwanderung den Stein sich als einen Marstein gesetzt hätten, um den Weg nach Deutschland zurückfinden zu können. (Schöffer, Dr. Friedr über die Römischen Niederlassungen in den Saargegenden. 1. Abteilung 1846 S. 93)

Der Name Golgenstein ist nach Nehls. (Studien III S 31) Galgstein, Golgenstein; dieser Name aber steht nur auf der Karte des Worms gaues in den Acta Acad Theod. Palat. Tom. I, im Text findet er sich nicht, kann daher nicht unwandelbarisch genannt werden. In den Traditiones Wizenburgenses vom Jahre 991 bei Zeuß p 305 a 311 findet sich die Schreibweise Colngenstein.

Ueber die Zeit der Errichtung liegen bis jetzt noch keinerlei Handhaben vor; an Vermuthungen hat es nicht gefehlt. Der Stein bei Nemrich wurde vor etwa 100 Jahren ausgegraben und man fand, daß er 5½ Fuß unter der Oberfläche auf einem gepflasterten Boden stand (Dr. Schröder a. a. O. S. 72); auch der Goldenstein bei Blieskastel wurde im Jahre 1780 aufgegraben, aber es zeigte sich unter demselben nichts, woraus man auf seinen Zweck oder die Zeit seiner Errichtung hätte schließen können. Dagegen bemerkte ich bei einer Besichtigung des Steines im September 1892, daß auf dessen Ostseite dicht neben der in derzeitlicher Zeit eingehauenen Nische sich eine bisher völlig unbeachtete römische Skulptur in flachem Relief, offenbar Umrisse nach ein Jupiter mit erhobenem rechten Arm, befinde, daß also der Stein nicht den Germanen (Alemannen, Franken oder Burgundern) zugeschrieben werden kann. Mindestens in die spätrömische Zeit fällt auch die Errichtung des berühmten langen Steines von Miltenberg am Main mit der Aufschrift INTER TOVTONOS, wonach dieser Stein als Grenzstein gedient hat.

Der erste, welcher meines Wissens diese Steine beachtet hat, war Friedensrichter Derkum, der zu Anfang dieses Jahrhunderts (1809) eine „Sammlung derer vaterländischer Denkmäler im Kanton Blieskastel" verfaßte, der aber nicht zum Druck kam und deren Handschrift mit anderen Arbeiten dieses fleißigen Geschichtsforschers in den Besitz des historischen Vereines der Pfalz überging. „Man bemerkt ungefähr, sagt er, so viel ich mir deren Zahl verschaffen konnte, folgende:

1. Auf der Höhe der Hellingen gegen Trier.

2. Auf der Höhe bei der Schaubenbrück gegen Busch.

3. Die Hundel bei Obertweiler (hfl. von Dachsbach.)

4. Einer zwischen Weg und Ranch.

5. Einer in Werpenfer in Dorfe.

6. Einer auf dem Hachbörich zwischen Kirchberg und Gahren ⅜ St. von ersterem und ⅜ St. von letzterem Orte.

7. Der Gothenstein bei Blieskastel (S. XII. 33 „Gothenstein" im Kataster.)

8. Der Speistein auf dem Kentrisch
9. Der Stein in Martinshöhe
10. Einer bei Kirchheimbolanden an der Chaussée, der Bangerstein genannt."

Die vier letzten gehören unserm Pfälzer Gebiet an, außer diesen aber fand ich Flurnamen, welche auf das Vorhandensein solcher Steine deuten, an vielen Stellen.

Vor all diesen ist es nötig zu wissen:
1. Sind dort jetzt noch lange Steine vorhanden?
2. Hat sich eine Ueberlieferung über dieselben erhalten?
3. Tragen sie eine Inschrift und welche?
4. Gestalt, Größe, Gesteinsart, Zeichnung des Steines.

Es findet sich der Flurname „am Hinkelstein" bei Dirrbach S. XX. 14, ¾ St. westl. von Neuleiningen N. III. 11; zwischen Schneckenhausen und dem Drehthalerhof N. III. 22. von diesem sagt eine handschriftl. Aufzeichnung vom J. 1857: „Der Hinkelstein ist ein kolossaler aufrecht stehender Sand Wacke, der in frühester Zeit als Grenzmark gedient haben mag, dem aber in der Folge ein zweiter und schmälerer Markstein beigesellt wurde"; bei Reiffelbach N. X. 25; bei Manchenheim N. XII. 13; bei Bettweiler N. XII. 23; am Hühnerstein, Hinkelstein N. VII. 14. bei Bolanden,
am hohen Markstein N. V. 9. bei Hettenleidelheim; N. X. 22 bei Schierfeld,
am langen Markstein S. XVII. 37 bei Ittweiler,
am hohen Stein S. VII. 31 bei Dirrbach, S. VIII. 10 bei Diebersell; S. XVI. 11 bei Imsflingen; N. VIII. 10 bei Zell; N. IX. 14 bei Ritterheim,
am hohen Grenzstein S. XIII. 27, zwischen Feierbach und Birnselm, wo im Feld ein über mannshoher Grenzstein steht, bei dem es nach Aussage der Leute umgeht.
am hohen Malstein N. X. 11 bei Stetten,
am langen Stein N. I. 31 bei Stubach; N. I.

19, bei Neuhofen; N. II. 9 bei Gnadenbachenheim; N. IV. 10 nördl. von Gaubach; N. IV. 25 bei Mörsbach; N. VI. 21 zwischen Obernbach und Insweiler; N. IX. 11 bei Steinheim.

Auf dem Bergplateau des Stahlbergs N. IX. 21, etwa 800 Meter südlich von dem Ausschußturm, sah Dr. Mehlis am Wege einen gewaltigen Stein; er hat die Gestalt einer kegelförmigen Spitzsäule, an der Basis, 1 m. Durchmesser und ist etwa 3,60 m lang. Er wurde, wie es scheint, mit Gewalt in drei Teile gebrochen. An der Längsseite befanden sich mehrere halbkugelförmige Vertiefungen, die künstlich eingehauen sind. Der Stein führt im Volksmund den Namen „langer Stein". (Korresp. Blatt der Westdeutsch. Zeitschr. für Geschichte und Kunst 1891 Sp. 69.)

am langen Stein X. X. 13 bei Ritterheim; N. XIII. 22 ½ St. nördl. vom Neuhäuserhof (siehe nach); S. III. 6 bei Schwenkheim; S. V. 25 auf der Höhe südlich von Mittelbrunn ein Menhir von nach 2 m Höhe. (Mehlis Studien III. S. 67.) S. V. 33 bei Bruchmühlbach; S. V. 2 Waldmann bei Schifferstadt, S. VI. 8. ½ St. westl. von Haßloch; N. VI. 9 bei Gnadenbachenheim; S. VI. 25 bei Friedenbach; S. VII. 10 bei Neustadt a. H.; S. VIII. 2 westl. b. Speier; S. IX. 5 bei Sommerheim; S. X. 4, ½ St. NW von Bertheim; S. X. 8 bei Sachsen; S. X. 10 bei Bernkopen; S. X. 41 bei St. Ingbert; S. XI. 3 bei Ungenfeld; S. XI. 7. ½ St. östl. von Freimertheim; S. XI. 10 bei Ortheim; S. XII. 11 zwischen Waldheim und Hornburg; S. XIII. 10 bei Dammheim; S. XIII. 12 bei Godramstein; S. XIX 10. ½ St. nördlich von Winfeld.

Langensteinhof S. I. 39 bei Hoof.
Sebenstein N. XII. 17 nordöstl. von Kriegsfeld.

am Birmenstein N. XV. 31 bei Rudelberg,
vielleicht hierher gehörig.
am Glaubenstein N. II. 10 bei Weißen-
heim a. B.
Galgenstein R. XI. 20 allein im Wald, nördl.
vom Harmersbergerhof.
Gerdelstein S. II. 27 bei Dietschweiler.
Telgenstein N. V. 8 Ortschaftsname; N. IV.
2 Feldschenkener Bosen bei Mörsch.
Bildsäule N. IV. 33 östl. bei Diebeslaus.

Lange Steine finden sich auch zwischen Oberstadt und Wernheim westl. von Oppenheim in Rheinhessen und westlich von Steinbrenbach in Unterfranken.

Im Zusammenhang mit diesen langen Steinen stehen auch die Namen einiger Ortschaften in der Pfalz, die Ortschaft Heiligenstein verdankt sicher ihren Namen einem verehrten Steine, der vor Zeiten an oder in dem Dorfe stand, auch die Namen solcher Plätze, die obwohl in der Ebene liegend, doch als Stein bezeichnet werden, wie Gebrannstein, Diemstein u. a. geben zu denken; ich füge daher als Gegenstand der Forschung sämtliche mit „Stein" zusammenge- setzte Ortsnamen der Pfalz hier an, obwohl ich weiß, daß einige derselben ihren Namen den Felsen unter oder neben ihnen verdanken: Breitensteinerhof bei Eßel, Galgenstein, Diemerstein, Dernstein, Glußstein, Elsterstein bei St. Ingbert, Gutstein, Erbenstein bei Essel, Gebrannstein, Hausstein, Heiligenstein, Helden- stein, Hochstein, Oppensteinermühle, Ringstein, Karmstein, Gunsteinerhof bei Stoppen, Steinwenden, Stein, Steinbach, Steinhausen Steinweiler, Wolfstein.

Eine große Anzahl von Flurnamen deutet auf frühere Begräbnisse verschiedener Art; die Namen: Leberberg, Lehrberg, Leberstein, Lauen- Rüde, Laubbühel, Lauerswiese N. IV. 34 nördlich bei Diebeslaus. Schwiese N. V. 12. 10 Min. südl. v. Lauterßeim. Lehmann entstammen wohl dem althochdeutschen hlêo, gra. hlêwes, plur. lêwâ lêa, mittelhochdeutsch lê, gra. lêwes, lê, welches

Grabhügel bedeutet und dem Stamme nach mit dem lateinischen ossuum verwandt ist.

Daneben erscheint noch eine ältere oder gleichbedeutende althochdeutsche Form hûwart oder hûri (dat. plur. hûrum) mittelhochdeutsch hüwer, sowie die gothische Form hlaiv, jetzt Lei ob Ley, und wo sich ähnliche Namen zeigen, dürfen wir auf frühere oder jetzt noch vorhandene Grabhügel schließen, auf welche auch die Namen: Steinhügel N. IX. 29 Hübelacker, Heldenhübel und ähnliche Umgebenden sichern.

Aehnlich verhält es sich mit den Namen: Hünen, Hünergraben, Hünengraben, Hünenbusch.

Im Hünengraben bei Otterberg N. I. 22 wurden Bronzeringe und ein Thongefäß als Reste eines Begräbnisses gefunden (Catal. d. hist. Abt. d. Mus. zu Speier 1860 S 5 u. 29) und am Hunnenstein oder Hünselstein bei Monsheim wurde ein merkwürdiges Gräberfeld aufgedeckt. (Mehlis, die prähist. Funde der Pfalz [Grenzen III] S 23).

An Begräbnisse überhaupt, vorgefallene Tötung oder Gräberfunde erinnern die Namen: Totengraben

Todtenplatz N. VIII. 13 nördl. bei Neunheim;
Todtendell Walheim S. XVIII. 23;
Todtenbach, Bad S. XVIII. 27.
Todtenneck S. XIII. 38 zwischen Althweiler und Wimbach, dicht an der Thur.
Auf der Todtenfrau S. XX. 15 zwischen Oberotterbach und Deutschbach.
Kirchhof an mehreren Stellen.
Heldenkirchhof S. III. 33 nördl. von Urheim gegen Böstern und IX. 27. 1/2 St. nördl. von Oberlauth.
Leichenschleife S. XIX. 16 Walheim nhl. von Ablenbern.
Beim todten Mann S. XV. 31, 1/2 St. südl. von Dotterbach;
ferner die Namen: Mordbacher Mordwiesen, Mordkammer und ähnliche; auch der

Flurname im Brand hängt manchmal mit Gräberfunden zusammen, die nicht immer bekannt geworden sind, oft aber in der Erinnerung der Ortsbewohner oder in Sagen und Schauergeschichten noch fortleben, weshalb die Aufzeichnung solcher Sagen die frühgeschichtliche Forschung wesentlich unterstützen kann.

So liegen nach Dr. Mehlis, Studien III. S. 23 in der Nähe des Hohenwettersbachs N. VI. 17 in der Gemarkung „Brand" bei Hügelgräber; im Brandenbusch bei Schweiler N. I. 23 wurden römische Münzen und Inschriften gefunden.

Wegen ihrer Gestalt werden die Grabhügel hie und da als Hübel oder Backofen bezeichnet, z. B. finden sich in der Staatswaldabt. „Backofen" N. III 21. bei dem Dorfe Aspach 5 Grabhügel (Die Ausgrabungen f. hist. Ver. d. Pfalz 1884—1885 von Dr. Harster) und im Jahre 1906 wurde in einem Grabhügel auf dem Hübelacker bei Rittersheim S. III.", außer mehreren Spangen ein großer goldener Ring gefunden. (Handschr. Aufzeichnung des Ministerialrat Heinz.) Bei Lambsheim, im Budel entdeckte man römische Gräber. Der Name „Römerhügel" welcher sonst ziemlich gebräuchlich ist, findet sich in der Pfalz nur einige male, z. B. in der Nähe von Mechtersheim S. X 2.

Nach dem Vorgange von Rome (Urgeschichte des badischen Landes I. S. 220) hat auch Heinz (die hist. Pfalz S. 49) den Flurnamen „Char" und seine Zusammensetzungen auf Gräber beziehen wollen, ohne aber sprachliche oder sachliche Beweise dafür zu bieten.

Die von Schelm, Schelmen (gehelme mittelhochd. Leichnam) gebildeten Flurnamen bezeichnen häufig den Platz, wo gefallenes Vieh oder die Leichen von Hingerichteten verscharrt wurden, häufig aber auch die Stellen, wo Gebeine und alte Gräber zum Vorschein kamen, deren Herkunft die Anwohner sich nur dadurch zu deuten wußten, daß sie eine Hinrichtungsstelle oder einen Schindanger dort voraussetzten. So wurden im Schelmental bei Hengstbach S. XIII 36 im J. 1842

römische Gräber enthält. Diese Namen sind sehr
zahlreich und nachstehend seien nur einige Beispiele
genannt: Schelmen — äcker, — bach — dell,
— gärten, — grab, — hede, — haut —
kopf, — trappen, — feugen N. XVIII. 19
— solch. Schelmwert, am Schindweg u. a.

Begreiflicherweise haben auch frühere Befestig-
ungen vielfach bezeichnende Flurnamen veranlaßt.
Am deutlichsten spricht die Bezeichnung Burg
bewahrt die Verkleinerung Bürfel (Bürgel) Bufchel
(manchmal aus Burgftall entstellt). Burrhübel,
Burrbell gleich Burghübel — bell, bewahren, aus
Biburg entstellt. Biber, Buberg N. I. 87.
Biberhöhe N. XIV. 20, Bibered, Bemig?

Der Name Schloß haftet meist an neueren
Ueberresten auch Hausberg, Hausbuckel,
im Lager benutzt oft. Schellenberg und
Auerberg manchmal auf alte Befestigung, desgleichen Schanze und Kastel, Kassel
mit seinen Zusammensetzungen Kaffelwies N.
IV. 29, Wallenberg läßt ziemlich sicher, Walled, Wallberg zuweilen Befestigungen, Wälle voraussetzen, denn Wall ist öfter in der Mundart des Volkes
aus Wald abgeschliffen. Die Namen Ringmauer, im
Ring, Ringberg verdanken manchmal Schwellen
ihren Ursprung. Die Bezeichnung Ring haftet aber
auch an alten Mal- und Gerichtsplätzen, während
hochgelegene Späh- und Wachtplätze mit Namen wie
Warte, Spielberg und dergl. belegt wurden,
ein hochgelegener Spielberg befindet sich z. B.
nördl. von Dürkheim bei Ungstein, ein verschanzter
Schellenberg N. I. 27. bei Wollerbach.

Auf der Bürk südlich von Essenborn N. I. 17.
hart am Horne der Alzey ist ein großer Hügel, an
welchem sich das Fundament eines Rundbaues von
Quaderfteinen zieht, und es geht im Dorf die Sage,
daß an dieser Stelle als an einem heiligen Ort noch
in früherer Zeit eine Freiung gewesen sei, wohin sich
Verbrecher flüchten konnten. (Inmel M. b. Rhenstr.
1824 S. 308 und Plomberlage zu 1825 u. 204.)

Der Hügel heißt im Volksmunde „die Burg" (Becker, die Pfalz S. 632) in der Nähe finden sich die Flurnamen „Galgenwald" und „Schelmen."

Am Südabhang des Vogberges westlich von Neustadt'schen N. II. 31. findet sich der Heidenkopf und die „alte Burg", wo man gewaltige Mauern aufgrub. (Becker d. Pfalz S. 724).

Auf der Hoheburg bei Ruppertsberg S. V. 9. wurden in den zwanziger Jahren beim Umroden eine solche Menge von römischen Mertümern, Denkmälern, Münzen, Gefäßen, aber auch Grundmauern aufgegraben, daß sich die Vermutung aufdrängt, es sei dort der Rest eines römischen Lagers gewesen und beim Umroden zerstört worden.

Auf der Höhe gegen Hambach ¼ St. von Neustadt liegt die Waldmannsburg von welcher Frey. (Beschreibung des Rheinkreises II. (1836) S. 538) in sehr wenig wahrscheinlicher Weise erzählt, ein unterirdischer Gang führe durch das Thal und unter dem Speierbach auf den jenseitigen Königsberg, auch sollen viele Sagen darüber im Munde des Volkes leben, von denen Frey selber nicht eine mitteilt.

Ueber dem Dorfe Iselm auf der Höhe S. XII. 35. findet man einen alten Burghall; die Bauern nennen es Burgelsheck, wo schon zu Tilemann Stella's Zeit alte Mauern und römische Münzen gefunden und auch neuerdings im Februar 1884 wieder römische Ziegel und Scherbenbruchstücke zutage gefördert wurden.

Endlich bei dem Dorfchen Ruschweiler (Rieschweiler) S. XVII 36. erhebt sich eine schwach ansteigende, jetzt mit Feldern bedeckte Anhöhe, von welcher man eine ausgedehnte Fernsicht hat; diese Anhöhe heißt von jeher die Burg Riesweiler und schon Tilemann Stella teilt mit: „Endlich muß ich allhie auch meldung thun von der alten Burg, welche über Bernstahbach gelegen ist, nit weit von Ormsweiler und die alte Burg zu Riesweiler genannt wirdt, davon sagen die B-aren beselbst umher, daß sie

auch von den Heiden gebauet und bewonet gewesen
sey. Sie liegt auf einer großen ansehnlichen Höhe,
man findt zu Breinsfelbach in der Kirchen ein alten
viereckeden stein, darauf stunden an den vier seitten
vier alte heidnische Abgötter, einer war der Herkules
mit seiner Keule und der Löwenhaut, der ander war
Verturtus mit seinem Lebewer, Beutel und Hahnen,
das dritt bildt war ein Pallas oder Minerva, das
bildt war gar hurtbrig, ortig und wohl gemacht.
Das vierte bildt war verschlossen, also daß ich nichts
namhaftiges daraus machen konnte. (Auf dem Rande
steht her geschrieben: Das vierte Bild war Juno).
Dieser Stock, wie ich dafür halt, ist von der alten
Burg zu Riedweiler gegen Breinsfelbach gebracht worden."

Heinz, die Pfalz S. 113 meint, es dürfte hie-
nach keinem Zweifel unterliegen, daß die Burg von
Riedweiler ursprünglich ein römisches Kastell war,
zumal da sich hier auch ein Stück der alten Römerstraße erhalten hat, welche unter dem Namen
Königstraße von Riedweiler an der Ostseite der
Burg vorbei in der Richtung gegen Wilheim führt.

Das hohe Haus aber der Hausbuckel bei
Frankenfeld S. XX. 12 ist eine runde künstliche Er-
höhung aus Erde mit zahlreichen Ziegel- und Mörtel-
stücken untermischt, welche durch einen Graben von
dem übrigen Teile des Hügels getrennt ist und zum
Schutze einer vorüberführenden Straße bestimmt gewesen zu sein scheint. (Heinz, die Pfalz S. 52)

Hier sei noch ein Name erwähnt, der in
der Pfalz mehrmals erscheint, und der schon dem
Geographen Tilemann Stella merkwürdig erschien, der
Name „Daubhaus". Stella in seiner „Geographischen
Beschreibung der beiden Ämpter Zweibrücken und
Kirkel" erzählt uns am 24. Hornungs Tag: „Die Verburg
ist ein alter Burgstall gewesen, hat an dem Herwege
auff einem hohen Berg gelegen, man findt daselbst
umbher noch die Mawern, hergegenüber auf dem Bühel
hat das Daubhaus, so darzu gehört, gelegen, davon derselbige Bühel noch den Namen behelt"
Heinz, (Die Bayerische Pfalz unter den Römern

S. 104, 105) führt ebenfalls die Stelle aus Tibemann Stolle an und führt dann fort: „Die Merburg war im 12. Jahrhundert bewohnt, denn 1172 und 1180 kommen Ritter von Merburg in Urkunden der Klöster Breitenau und Schiffersstadt vor."

„Das Douthous (columbarium) und der gepflasterte Weg durch den Merwog oder Mermecher lassen erkennen, daß wir es hier mit einer ursprünglich römischen Burg zu thun haben. Allein wo lag sie? Wir wissen darüber keine Auskunft zu geben." —

Läßt sich die römische Herkunft nicht besser begründen, als es hier versucht wurde, so müssen wir zunächst in Erwartung besserer Nachweise darauf verzichten.

Die Lage der eben erwähnten Merburg ist auch heute noch nicht bestimmt nachgewiesen, der Büdel aber, der das Doubhous trug, führt auch jetzt noch den Namen Taubsberg (Doubhsberg) und liegt, worauf Dr. Hagen zuerst hingewiesen hat, bei Kirchberg (eine Stunde südl. von Homburg); die Merburg wird also dort in der Nähe aufgesucht werden müssen.

Außer dem dortgenannten Doubhous fand ich aber im topographischen Atlas noch ein Toubhous ¹/₂ St. SW. von der Burg Altenbamberg, einen Taubersberg unmittelbar westlich von Burg Altlehningen, ein Toubhous bei Orbis N. X. 15, eine Doubhousmühle bei Alsenz N. XII 20, zu Greimbach in dem alten Doubhous im Wiesengraben (bei Meyerhofer, Weidbuer der Rheinpfalz Greimbach) und in den Urkunden d. Herzogt. Zweibrücken n. 133 v. 29. März 1460 im Kreisarchiv Speier werden erwähnt: „1½ Morgen Wingert by dem daphous zu Runkfurt"; eine Daubersbergmühle liegt bei Oppenheim in der preuß. Rheinprovinz, eine Daubesmühle b. Oppenheim und eine Daubersmühle bei Ernsheim, die beiden letzten in Rheinhessen.

Aus dem häufigen Vorkommen, sowie aus dem

angeführten Urkunden, geht aber deutlich hervor, daß Daubhaus kein Eigenname war, sondern eine bekannte Zubehör zu einer Burg bedeutete, wie es Tilemann Stella noch gebraucht.

Was das Daubhaus gewesen sei, darüber lassen uns die Hülfsmittel im Stich; gerne möchte ich der Meinung von Heinz (die bayerische Pfalz S. 39.) beipflichten und Taubhaus für eine Uebersetzung des lateinischen Columbarium im Sinne von Begräbnißstätte halten, allein es findet sich weder in den Wörterbüchern des mittelalterlichen Latein das Wort columbarium, noch in den deutschen Wörterbüchern das Wort Daubhaus im Sinne von Begräbnis. Ueberdies liegt das Daubhaus immer außerhalb der Burg, was sich weder mit der Bedeutung Taubenschlag noch mit einem Begräbnis wohl verträgt. Ich lege daher die Entscheidung noch aus in der Hoffnung, daß einem der verehrten Leser oder mir selbst im Laufe der Zeit eine sichere Deutung gelingt.

Besondere Beachtung verdienen die Namen des hl. Michael, des hl. Georg und des hl. Martin, namentlich, wenn sie an Bergen haften. Als Drachentödter sind die beiden ersten, als Reiter auf weißem Rosse die beiden letzten an Stelle des Wodan oder des Donar, der germanischen Kriegsgötter, getreten, manchmal auch an Stelle des römischen Mars, dessen Namen von dem des heiligen Martin in den Zusammensetzungen (z.B. Martenberg) nicht geschieden werden kann, das Dorf St. Martin heißt mundartlich durchaus Marte, und auf dem Martenberg bei Deidesheim befindet sich eine uralte Einsiedelei, welche die sogenannten Hetternhöfer umschließt, während auf dem Ruchheimer deselben Berges an einer Stelle mit weitester Fernsicht eine Michaelskapelle thront.

Nach Godwin Wibber wird schon im Jahr 1127 der S. Michelsberg als einer Festung auf dem St. Remigiusberge gedacht.

Nicht zu übersehen ist, daß auch St. Petrus und die hl. Jungfrau öfters den vorchristlichen

Kult- und Wohnstellen ihre Namen erhoben haben, und daß auch Peters- und Marienberge genau untersucht werden müssen, ob nicht Reste alter Befestigungen und Verehrung dort erhalten sind.

Daß man die früher heidnischen Kultstätten in christliche Kirchen verwandelte oder mit christlichen Namen belegte, wird uns ausführlich und zweifellos durch die Weisung Papst Gregor des Großen (589—604) an den Abt Mellitus bestätigt „die Tempel der Heiden nicht zu zerstören, sondern mit Weihwasser zu besprengen und in christliche Kirchen zu verwandeln, damit das Volk an den durch Gewohnheit geheiligten Orten desto lieber und eher an den Dienst des wahren Gottes sich gewöhne." Bedae hister. eccles. L. c. 30 epist. ad Mellitum. Die in den früher erwähnten Gottesheim eingehauene Nische mit I. H. S. scheint aus ähnlichem Grunde entstanden zu sein.

Haftet also einer der erwähnten Namen an einem Platz, so ist es ratsam denselben genau zu betrachten, denn nicht selten werden sich noch Reste alter Befestigungen oder Spuren alter Gottesverehrung wahrnehmen lassen; die Aufzeichnung und Mitteilung derartiger Ueberreste ist von großem Werte.

Das frühere Vorhandensein von Gebäuden hat häufig zu den Flurnamen: Steinmauer, Mur, Mauerwald, Mauerädcker, Steinäcker und ähnlichen Anlaß gegeben. So haben wir einen Mauerhof bei Kirchheimbolanden, eine Flur an der Mauer in der Gemeinde Sauersheim (Heintz, die bayrische Pfalz S. 35, 36.) und mehrfach wurden in derart benannten Fluren Reste einstiger Bauten gefunden, z. B. in den Grenaeckern bei Büßheim K. XVII 13. An allen ähnlich benannten Stellen wäre also zu ermitteln, ob noch Mauerreste vorhanden sind, oder ob früher solche vorhanden waren, und was sonst noch an diesen Stellen zum Vorschein kam und beobachtet werde.

Die Flurnamen Weil, Weiler, Weilerbann u. a. knüpfen nach allgemeiner Annahme noch unmittelbar an das römische villa, villare an und römische Mauer- und Gerätefunde an so benannten Stellen sind nicht selten.

Die Namen Ziegeläcker, Ziegelahnung und ähnl. lassen auf den Fund von Ziegelmauerwerk oder Ziegeleien unbedenklich schließen und ebenso weisen Namen wie Altstadt, Altenstadt fast unzweifelhaft auf eine frühere, meist römische Niederlassung hin.

In der Altstadt, einer Anhöhe bei Ansbach S. VIII 37. wurden schon zahlreiche Fundamente ausgegraben, auch Römer und Anderes gefunden; in der Altstadt oder Wenzstadt bei Weißenburg S. XXII. 16. ist nach des Zweifels von Ohring (die bayerische Pfalz u. s. w. S. 69) die römische Station Concordia zu suchen. Ist aber Altstadt beachtenswert, so muß auch der Name Neustadt Aufmerksamkeit erregen, weil er eine Altstadt, und der Name Neuburg, weil er eine Altenburg voraussetzen läßt.

Dagegen hat Wern's Angabe (Urgeschichte des bad. Landes I. S. 305) „daß von allen Orten, welche mit — stadt oder — stetten gebildet sind, anzunehmen wäre, es seien daselbst römische Standquartiere gewesen" in Bayern und meines Wissens auch in Württemberg bis jetzt sich nicht bestätigt. Ohring (b. Pfalz S 36) schließt sich der Behauptung Wern's an, ohne aber ein einziges Beispiel beizubringen.

Sehr beachtenswert sind dagegen die Stadtsagen d. h. die Erzählungen der Landleute, daß ihr Dorf einst eine Stadt gewesen oder in ihrer Flur eine Stadt gelegen habe, auch die Sage, daß da oder dort eine Stadt versunken sei, wird manchmal erzählt. Früher verlachte man solche Erzählungen als eitle alberne Märchen, die Erfahrung aber hat gelehrt, daß die Sagen vielfach nicht ohne Begründung sind. Sie stammen wohl alle aus der Zeit, wo man die jetzt durch Feldbau beseitigten Mauern noch über der Erde sehen konnte, und da, wo der geringere Umfang der Mauerreste nicht gestattete an eine ehemalige Stadt zu denken, erzählte man von einer versunkenen Kirche oder einem versunkenen Schloß. (Ohlenschlager, Sage und Forschung S. 13 mit vielen Beispielen). Gegenwärtig sind mir nur wenige Plätze in der Pfalz bekannt, an welchen die Stadtsage haftet, es ist dies Michael bei Landau, dann Rutterstadt S. III 4, wo der gemeinen Sage nach der Zeiten eine Römerburg gestanden haben soll, Mauerwerke aber bis jetzt noch nicht bekannt wurden, (Frey, Beschreibung des Rheinkr. II. S. 179), Beeden S. IX. 36, wo in grauer Zeit eine große Stadt gewesen sei, die sich bis zum jetzigen Homburg erstreckt, Winsbach S. XIII. 38, wo zahlreiche Kennzeichen von verschüttetem Mauerwerk sowie Funde von Urnen und Gräbern die Sage veranlaßten, es habe daselbst eine römische Stadt gestanden, (Heinz Casimir, Beiträge zur Geschichte des bayerischen Rheinkreises S. 21) und Schwarzenacker, die reiche Fundstelle römischer Alterthümer, an dessen Stelle eine „Hebestadt" gestanden haben soll. Die Kenntniß all der Ortschaften, an denen solche Sagen haften, wäre sehr erwünscht und für den Nachweis der Besiedelung und der Straßen von großem Belang.

Ueberall, wo solche Sagen verbunden sind, würde es sich empfehlen nachzusehen, auf welche Necker und Flurteile sie sich beziehen, ferner, ob dort nicht Mauerreste im Boden sind oder auch Gefäßbruchstücke, Mörtel und Ziegelbrocken, die sich in der aufgepflügten Erde zeigen, deren früheres Vorhandensein deutlich beweisen.

Die Nähe der Begräbnißplätze oder zerstörten Niederlassungen mag die Namen S ch w a r z e n a ck e r, Schwarzerde veranlaßt haben, die mehrmals an römischen Fundstellen wiederkehren. Bei der Ortschaft Schwarzenacker im Ohrthale S. X. 36 liegen zahlreiche römische Ueberreste im Boden, die bei jeder Umgrabung zum Vorschein kommen; ein Schwarzenacker befindet sich zwischen Habkirchen und und Reinheim S XVII 41, die beide durch viele Funde bekannt geworden sind. Schwarzenäcker westl. bei Ensheim, wo gleichfalls schon viele römische Mauern und sonstige Altertümer gefunden wurden, Schwarzerde nördl. bei Großbundenbach N. III 8, wo Gelder verschiedener Art entdeckt wurden, doch ohne genaue Angabe, ob gerade die Flur Schwarzerde die Fundstelle war.

Funden von Ringen oder Metallgegenständen verdanken manche Flurnamen ihren Ursprung, z. B. Geldader, Geldloch, Goldberg, — brunnen, — fellen, — grube, — hübel, — rücke, Guldenäcker, Münzäcker, Silberberg, aber nur in ganz seltenen Fällen ist der Anlaß des Namens sicher bekannt, wie von den Goldäckern bei Eisenberg N. IV. 12, wo öfter Römermünzen gefunden wurden; es wäre bei all diesen Namen von Vorteil den Grund der Benennung zu erfahren.

Ziemlich zahlreich sind auch die Fluren, welche von jetzt oder früher vorhandenen Straßen den Namen erhielten und für die Kenntnis der älteren namentlich der römischen Kunststraßen von größter Bedeutung sind; es sind Namen wie: Hochstraße, Heerstraße, Herstraße, Altstraße, Steinstraße, Franken- Kaiserstraße, Altweg, S. XVII. 9, Heidweg, Herweg, alter Heideweg, S III. 9. Diebsweg (entstellt aus Dietweg) S. XVI. 9. Hochweg, hoher Weg, Steingebiß N. V. 7, in der Sped (S. VIII. 37 Sped-Domm, Hochweg); dann kommen als Übergangspunkte bei den Wasserläufen noch die verschiedenen Brücken z. B. Altenbrück, Osterbrücken, Altersbrücken, Brückerlocherhof, Zweibrücken, Brücken am Glan, Diebsbrücken an der Lauter, Altersbrücken und Rusenbrücken an der Felsalb, In ähnlicher Weise ist der Flurname Furt und seine Zusammensetzungen bedeutsam für die Richtung alter Straßen, z. B. Breitfurt, Gielsfurt u. dgl. Selm. die baierische Pfalz nennt S. 25 f. außer den eben genannten noch die urkundlich erwähnten Namen Usbrad (ein jetzt unbekannter Ort des vormaligen Amtes Wolfstein), die Dudenandbrücke über die Lauter, welche schon 1252 unter dem Namen Dudinanewegebrücke erwähnet wird, und eine Anzahl anderer, sowie die Bartenfurt, welche unterhalb der Nährer Mühle bei Baßweiler über den Glan führte, die Wallesfort bei Albertsweiler, die Steinfurt und Schaffurt bei Sinsbach und die Ungersfurt bei Dorfbersbach.

Für Richtung und Verlauf der Straßen ist es nötig zu wissen

1. wie weit sich der Name erstreckt z. B. wie weit ein Weg „Hochstraße" und dgl. genannt wird, oder

2. Wenn keine Straße mehr sichtbar ist, ob sich in Feldern nach dem Unterbau der Straße durch großen Steinreichtum des Feldes nachweisen läßt.

3. Ob sich keine Sagen z. B. vom wilden Heer, laufenden Pferd oder Hund und ähnliche an eine bestimmte Strecke knüpfen, da solche Gespenstersagen oft mit alten Straßen in Verbindung stehen.

Viele Flurnamen stehen auch mit Volkssagen in unmittelbarem Zusammenhang z. B. Bildfrauenberg N. VI. 13, Bildfrauenthal S. IX. 42, — brunnen N. VII. 31, am ungeheuern Grund S. XIV. 29, Herenbesen S. VI. 14, heiligen Spiegel N. III. 32, Schlangenhöhle — lache — see, Drachenbrunn — fels, Ungeheuerloch, Jungfrauenwald S. I. 30.

In der Gemarkung beim unholden Baum bei Neuhofen S. IV. 2, soll nach der Sage ein großer, ein wenig entwickelter Baum gestanden sein, in dessen Höhlung sich eine große Schlange aufhält; wer diese zu Gesicht bekam, konnte nicht selig werden. An dem Drachenfels S. IV. 13 knüpft sich die Siegfriedsage, an das Schloß Rudelbrunn die Sage vom Rudenmütterchen (Becker S. 342). Aufzeichnung und Mitteilung solcher Sagen ist von großem Werte und wird dankbarst begrüßt.

Auf einen Oster- und Notandienst lassen die Flurnamen Osterberg, Feuerberg, Feuerplatz schließen, wo zu Ostern oder zu Zeiten der Sommerwende die großen Feuer angezündet worden; ebenso die Namen Heiligenacker S. XIII. 39, Heiligenstein u. A.

Ob auch die mehrfach vorkommenden Namen Hermesberg, Hermannsberg hierher gehören, ist fraglich und gerade die Ueberlieferungen und Gebräuche an den letztgenannten Orten sind zunächst ohne eigene Zuthat und Vermutung aus dem Munde des Volkes zu sammeln, weil erst die Sammlung derselben, was diesen Orten gemeinschaftlich ist, über die ursprüngliche Bedeutung und die früheren Vorgänge Aufschluß zu geben vermag.

Sehr willkommen sind daher Mitteilungen über Sonnwendfeuer zu Ostern, Johanni, Michaeli, oder Weihnachten, nebst Angabe des Plates, wo sie stattfinden, der Art, wie der Brennstoff gesammelt, der Sprüche und Bräuche, unter denen er verbrannt wird.

Es herrscht zwar vielfach die Anschauung, daß in der Pfalz infolge der vielen verwüstenden Kriege, die über das Land hingegangen, die Ueberlieferung und das Andenken an frühere Zeiten völlig vernichtet und von Sagen nichts mehr erhalten sei, allein bei näherem Zusehen erweist sich diese Anschauung als ein Vorurteil, und wir troß vieler Verheerungen auch heute wider alles Erwarten noch ungezweifelt viele Namen aus römischer Zeit in dem pfälzischen Lande gefunden werden, die den Bauernkrieg, den dreißigjährigen Krieg, die entsetzlichen Zeiten Ludwigs XIV. und die Revolutionskriege wenn auch als Trümmer überdauerten, wie so viele Bräuche aus vorchristlicher Zeit sich bis in unsere Tage retteten, so haben sich in gleicher Weise zum teil noch die Sagen erhalten, die auch in ihrer jetzigen Entstellung uns Nachricht geben können über ferne, längst vergangene Zeiten; denn jede Zeit hat auf der Erdoberfläche eine Kulturschicht abgesetzt, die zwar von jeder folgenden Kulturschicht überdeckt wird, aber nur wie das Wasser einen unebenen Boden bedeckt, so daß die erhabenen Stellen nicht ganz verschwinden, sondern noch in die späteren Schichten und Zeiten hineinragen. Freilich werden diese Sagen immer unverständlicher, je weiter die

Zeit ihrer Entstehung von der Gegenwart entfernt liegt und aus solcher Sehen werden diese Ueberlieferungen, Ueberbleibsel und Ueberlebsel, weil man ihre Herkunft nicht mehr kennt, ihren Sinn nicht versteht, als albernes Wesen und unsinnige Gedanken bezeichnet, unpassend für unsere aufgeklärte Zeit; mit vornehmer Geringschätzung werden die Erzählungen behandelt, die allerdings oft nur im Munde der Ungebildeten fortleben, häufig aber die wichtigsten Ueberlieferungen über die Geschichte unseres Landes und die Sitten unseres Volkes enthalten.

Im Volke ist ja überhaupt trotz aller Drangsale der Zeit die Liebe zur heimatlichen Geschichte und Sage wie erst...her und auf meinen langjährigen Wanderungen in allen Teilen Bayerns habe ich überall besonders beim Landvolke eine große Teilnahme gefunden für die Kenntnis und Erforschung der geschichtlichen Vorgänge und Ueberreste ihrer Umgebung, und mit gespannter Aufmerksamkeit lauschten sie, wenn ihnen über ein oder das andere bisher rätselhafte Vorkommnis Aufschluß erteilt werden konnte. Freilich hat sich in Folge der geringschätzigen Behandlung die Zahl der sagenkundigen Landleute sehr vermindert und auch diese erzählen ihre Geschichten nur vor solchen Zuhörern, gegen welche sie ihr Mißtrauen völlig abgelegt haben. In gebildeten Kreisen ist das Verständnis für die im Volke lebende Ueberlieferung erst nach und nach wieder erwacht, und allenthalben bilden sich Vereine, die sich zur Aufgabe stellen die Volkskunde (Folklore) nach allen Richtungen zu pflegen, zwar sind schon viele Bräuche völlig vergessen oder bis zur Unkenntlichkeit entstellt, manche Sage durch Zusätze und Entstellungen sinn- und zusammenhangslos geworden, allein immer noch laufen viele solche Geschichten im Volksmunde um, immer lohnt es sich auch die spärlichen Reste zu sammeln und der völligen Vernichtung zu entziehen.

Lassen wir uns daher durch keinerlei Scheingründe abhalten, alle Erzählungen, die sich auf Oertlichkeiten, Ruinen und Bräuche beziehen, aufzuzeichnen und durch Druck vor dem Verluste zu bewahren, das wachsende Verständnis für die im Volke lebende sittliche, nationale und religiöse Kraft wird unser schönster Lohn sein und auch die späteren Geschlechter werden uns für diese Ueberlieferung den größten Dank wissen.

Wenn nun im Vorhergehenden versucht wurde, nachzuweisen, daß teils kein Name und keine Sage bedeutungslos ist, andererseits doch viele geschichtliche Vorgänge in der Sage wiederklingen, so ist es doch unmöglich, die Bedeutung jedes einzelnen immer und sofort zu erkennen, und ebenso gibt es eine Menge historischer Ueberreste, Gräber, Bauwerke, Denkmäler, über welche bis jetzt nicht die geringste Sage bekannt wurde oder überhaupt vorhanden ist. Wenn aber auch nur in einem geringen Bruchteil der Fälle der obengenannte Satz zutreffe, so müßte man doch zugestehen, daß wir darin ein höchst beachtenswertes Hilfsmittel für die Landesforschung zu erblicken haben und, wenn wir sie auch nicht, so lange sie allein stehen, als vollgültiges Beweismittel ansehen dürfen, so bilden sie doch einen der Schlüssel, die dem Forscher die Pforten der Vorzeit eröffnen, eine Bestärkung vorhandener Beweise und Namen in Ermanglung sonstiger Anzeigen den Forschern die rechten Stellen und Wege finden helfen.

Im Nachfolgenden ist eine Zusammenstellung der auffallenden Flurnamen nach Bezirken gegeben. Wo die Quellen stark verschiedene Schreibart aufwiesen, sind die abweichenden Namen nebeneinandergesetzt und in diesem Fall denen beigesetzt Buchstaben an, woher die betreffende Form entnommen ist; ein K die Steuerkatasterpläne, ein T den topographischen Atlas von Bayern, ein F die Forstwirtschaftskarten. Ich wiederhole, daß es weniger darauf ankommt zu ermitteln, was man zur Erklärung eines Namens vermutungsweise beibringen kann, als vielmehr was bei den Landbewohnern als Erklärung überliefert oder thatsächlich nachweisbar ist, um die geschichtliche Bedeutung der Namen nach Kräften festzustellen.

Die sprachliche Deutung der Namen bleibt einer späteren Arbeit vorbehalten, die zwar schon begonnen wurde, aber erst vollendet werden kann, wenn wo möglich alle Flurnamen verzeichnet sind. Ich möchte daher an die maßgebenden Stellen und Personen die ergebenste Bitte richten, mir aus den einzelnen Gemeinden die Flurnamen alle, namentlich auch die nicht in der Katasterkarten aufgenommenen, sondern nur im Volksmunde gebräuchlichen in einfacher Weise mitzuteilen, indem ich zum voraus besten Dank zu sichere.

Bezirksamt Bergzabern.
Kanton Annweiler.

S. VII. 20. Ist noch eine Schanze bei Johanniskreuz und wie sieht dieselbe aus? Was bedeuten die Namen: Ungeheuerthal?

S. VIII. 29. Lebenbisch?

S. IX. 18. Niedersberg; S. IX. 20. An den drei Steinen, Riesened, Molls? S. IX. 21. An der Schanze? Ist dort noch eine Schanze und wie sieht dieselbe aus?

S. X. 15. Selterich, Buchhalt?

S. X. 16. Kehlach, am Feuerplatz? Werden dort noch Oster- oder Johannisfeuer angezündet? Teufelsthal?

S. X. 17. Hohlenfelsered; sind Höhlen dort?

S. X. 18. Teufelsthal? (Sage?)

S. X. 19. Kron, vgl. oben S. IX. 18. Mosis, Schelmenhalden?

S. X. 20. Söffelsbrett?

S. XI. 14. Drenselberg, a. v. Bamberg, Olsbach, Heldenweg?

S. XI. 15. Schwebstein, Hexenberg, Nonnenkopf, Nonnenteich?

S. XI. 16. Ramschell?

S. XI. 17. Armbrunnen, Geldmünz, Geldmünzbrunnen? (Sage?)

S XI 18. Scharteich?

S. XI. 20. Wiesenweg, Berglochbrunnen, am Galgenstein, Kronenthal?
S. XII. 13. Teufelsberg mit Teufelsfelsen? (Sage?)
S. XII. 14. Kalkofen, Steinbell, der Orenberg mit seinem merkwürdigen Ringwall.
S. XII. 15. Pfalzhof, Pfalzfeld, Eiskopf bei Dernbach?
S. XII. 16. Altes Kloster, z. v. Guntsthal, Hasentisch, Eniel?
S. XII. 17. Herrasch, Ungenummel (Sage?) Reinbelt?
S. XII. 19. Pfalzklause, Wernagel?
S. XII. 20. Bingloch, Helbened, Breitebell, Hermersbergerhof?
S. XIII. 14. Wie weit erstreckt sich die Bezeichnung am Heerweg bei Oberzweller und ist dieselbe als Kunststrecke noch kenntlich? Ist bei Oberzweller noch die Erinnerung an eine Wallesfurt (welche Furt) vorhanden?
S. XIII. 15. Was bedeutet der Name Teufelshöhlen, westlich von Rothenhof bei Durchhambach? War bei der Schanz bei Durchhambach eine solche vorhanden?
S. XIII. 16. Was bedeuten die Namen Hölle nordöstl. und Helbenscheuer nordwestl. von Guckenhausen? ferner
S. XIII. 17. Glarmersthal, nördlich von Kronthal?
S. XIII. 18. Am alten Schloß und Am holen Stein zwischen Oberzweller und Kronthal?
S. XIII. 19. Obere Rassel?
S. XIII. 20. Ist der Steinweg eine Kunststraße und wie weit wird diese Benennung dem Wege beigelegt?
S. XIII. 21. Was bedeuten die Namen Spechels, Hölle? (Sage?)
S. XIII. 22. Katerset?

S. XIV. 17. Was bedeuten die Namen: An der Quell, Auf der Trag bei Wernersberg, Kriegsthalbudel?

S XIV. 18. Am Ferkelstein, Klingenfelsen, Höllenberg, Kalmed, Halbhübel, S. Birmannsbrunn bei Spirelbach?

S. XIV. 19. Borigel bei Bilgartswiesen?
S. XIV. 20. Dinkell
S. XV 16. Im Eisenthal, Usselstein, zw. Haldenbrubach und Rumweller?
S. XV. 17. Altenberg bei Wernersberg?
S. XV. 18. Am Mehlpfuhl bei Lug?
S. XVI. 16. Am Heidenacker? Wie weit führt der Weg zwischen Stein und Waldhambach den Namen Hochstraße und ist in derselben eine alte Kunststraße zu erkennen?
S. XVI. 17. Woher die Flurnamen: Engelmannsfelsen bei Stein? S. XVI. 18. Heldenbühl und Kranz bei Dimbach?
S XVI. 19. Bühloder und am Horiweg bei Schwanheim?
S. XVII. 16 Münzerweg bei Münzweiler, Abtskopf bei Blankenborn? auf dem ein Ringwall sich befindet.
S. XVII. 17. Schwedischlager im Altswalde? (Sage?)
S. XVII. 19. An der Schelmenbell bei Barbaraenthal, und Dabelstein südlich von Bosenberg. Bortbudel südlich von Oberschletterbach?

Canton Bergzabern.

Appenhofen: S. XVII. 12. Wie weit reicht die Bezeichnung Türkenstraße und Steingasse?

Barbelroth: S. XVIII. 13. Die Teufelsbücke; (Sage?) XX. 10 Auf dem Rod?

Bergzabern: Woher kommt der Name S. XIX. 15

am Heidengraben, im Ullenberg, Kamillenhöhe, Fürstweg?

Bienwald: S. XXII. 13. Bassershütte, Speckweg; XXIII. 13. Bildstraße; 15. Schâg?

Billigheim: S. XVI. 11. Ist am Schänzel noch ein Rest einer Befestigung? Wo liegen die Steinäcker und wo wurde der Rest einer alten Straße gefunden?

Birkweiler: S. XVIII. 17. Roschel?

Blankenborn: S. XVIII. 14. Ober Schelmenäcker; XIX. 17. Höllenpfuhl?

Böllenborn: S. XIX. 16. Leichenschleife (Wald), Hohlstein, Weißenstein?

Dierbach: S. XX. 12. Im Heidengrub; 13. In den Bellen? 14. Ist oder war am Hinkelstein ein besonderer Stein?

Dörrenbach: Was bedeuten die Namen: S. XIX. 15., im Schelmenthal; S. XX. 15 im Heiden, im Heidenäckerteich? Wie weit erstreckt sich der Name Grenzstraße?

Hergersweiler: Wo ist die alte Straße bei Hergersweiler?

Heuchelheim: S. XVI. 13. Woher der Name am Nordwiesenweg; XVII. 13. Neuenberg, Rammesbächl, 14. Nordhöhle? Sollten dort nicht Reihengräber sein? Wo ist die hohe Wer?

Ingenheim: S. XVII. 13. Was bedeutet der Name Heidenäcker?

Kapsweyer: S. XXI. 14. Wo läuft die Allstraße und wie weit erstreckt sich dieser Name? XXII. 14 Kesselgraben?

Klingen: S. XVII. 13. Was bedeutet der Name Schelmengrub?

Klingenmünster: S. XVI. 14. Pohlhügel; XVII. 13. Ballersberg, Krenzstein. 14. Bedeuten die Steine gehörten ihren Namen einer Kunststraße? Woher der Name Schelmengärten? In den Schelmengärten hinter der Schelmengasse sollen die Einwohner im 30jährigen Krieg ihr Eigentum versteckt haben. (Becker, Die Pfalz, S. 447.)

Niederhorbach: S. XVIII. 12. Welche Stein, Hamberg?

Niederotterbach: S. XX. 14. Woher der Name: im Heldengarten?

Oberhausen: S. XIX. 13. Zeigt der Höheweg Spuren künstlicher Anlage, und wie weit geht dieser Name? 14. Woher der Name: im Hellengrund?

Oberotterbach: S. XX. 15. Unterer Todtengraben-Teich, Gräberhohl, Auf die Todtenfrau, Heldenhof, Heldenbrunnen? S. XXI. 15. Ist auf dem Hochweg eine Kunststraße? wie weit wird dieser Name gebraucht? Desgleichen

Pleisweiler: S. XVIII. 14. Der Name an dem Heerweg? Woher kommt der Name 15. Ränzader, Hexenplatz?

Rechtenbach: S. XXI. 15. Heldenäcker; 16. Schelmenäcker, Münzberg, Schlangenberg? 17. Was erzählt man über die Herkunft der alten Schanze? Wo ist die Heldgasse? Was bedeuten die Namen: Hännetal, Heiligenbach, 18. der Waschnerberg?

Rohrbach: S. XVII. 11. Bei der langen Burg, Auf den hohen Bellen?

Schweigen: S. XXI. 16. Hengelgraben?

Schweighofen: S. XXII. 15. Wie läuft die alte Straße, und wie weit erstreckt sich diese Benennung?

Trentelsberg: S. XVI. 15. Heldenschuh, Waldburg, beides alte Befestigungen.

Bezirksamt Frankenthal.
Canton Frankenthal.

Beindersheim: N. IV. 5. Ist oder war beim Heldentod ein gehauener Stein? Sage?

Bobenheim: N. V. 3. Was bedeuten die Namen Grabbühl, Heiligensand? (Sage?)

Eblsheim: N. II. 3 im Dewig?

Eppstein: N. I. 4. Der hohe Weg (nördlich von der großen Römerstraße zwischen Speier und Worms), wie weit erstreckt sich diese Bezeichnung und sind Anzeichen einer Kunststraße vorhanden? Was bedeuten die Namen Nordgewann, an der alten Brücke, (Steinbrücke?) Kleine Steinbühl —

Gerolsheim: N. IV. 6. Ditting; III. 6. im Schloß?

Großniedesheim: N. V. 5. am Kriegbaum, am alten Galgen, Nonnenthal; IV. 5. Spielacker? wie weit geht der Name am Hochweg?

Heßheim: N. IV. 5. Läßt die viereckige kurze Gewann erkennen, daß sie früher mit Mauer oder Graben umgeben war?

Heuchelheim: N. IV. 6. Was bedeuten die Namen Teufelswiesen, Ring? Ist oder war der Hochweg eine Kunststraße, und wie weit erstreckt sich der Name?

Kleinniedesheim: N. V. 5. Woher der Flurname: im Döbig (vergl. Eblsheim: im Dewig)

Lambsheim: N. I. 6. Grabgewann, Pfingstberg (Sitte?) II. 6. Hundsgebanten, Hochgasse, am Burgweg; III. 6. Hochgewann?

Mörsch: N. III. 3. In der Teufelsbach? N. III. 2. Sind die Kolchensteiner Wiesen nach dem Dorf Kolchensteins oder nach einem langen Stein so genannt?

Oppau: N. I. 3. Woher die Namen am alten

Weg, II. 2. in den Pfahlstücken; II. 3. Im Blei; III. 3. das Lager?

Aarheim: N. V. 3. Unter der alten Heustraße so genannt von der vorbeiziehenden Römerstraße.

Gundersheim: N. L. 3. Mehlen?

Kanton Osthofen.

Albisheim: N. V. 9. Woher stammt der Name am römischen Pfad?

Abenheim: N. L. 12. Bletelstock; L. 13. Schelmenthal beim Neuhof? II. 13. Unter der alten Schanz beim Tramboog? Ist dort noch eine Befestigung? III. 11. Bliesnell zwischen Thesenthal und Abenheim?

Aßelheim: N. V. 10. Woher der Name Goldberg?

Bettenberg: N. II. 11. Goldhafen; III. 10. Hammelplatz? III. 11. Ist auf dem Hinkelstein noch ein Stein vorhanden? Desgleichen

Bissersheim: N. II. 8. am Langenstein? was bedeutet. N. III. 8. Goldberg, Bossert, 2. auf der Schelmenkaut?

Dirmstein: N. IV. 6. im Kehler; 7. auf der Wart, im Bahler? N. V. 7. Ist die Hochstraße eine Kunststraße und wieweit erstreckt sich der Name? Woher die Namen:

Oberflörsheim: N. IV. 11. Bieberode? V. 11. Ist oder war am Lebenstein früher eine Kapelle?

Großbockenheim: N. VI. 9. Heiligenkirche (Kirche, Sage?) Was bedeutet der Name: am Krottsgraben, Langwiesgraben? Ist am langen Stein noch ein solcher vorhanden? Ist die 1586 genannte Hörkraß noch bekannt?

Großkarlenbach: N. II. 8. Was bedeuten die

Namen: Henweg, Schelmen, an der
Mauer, hoher Burgweg, Hipperich, Germansbaum, Goldberg,
Schwarzerde? Ist der Steinweg
eine gebaute Straße und wie weit reicht der
Name? Desgl.

Ocksstadt: N. IV. 10. an der Kohlstraße;
N. IV. 9. an der Heerstraße und unter
der Heerstraße? nach der Sage der
dortigen langgenannten Mauern zu schließen,
müssen dort zwei sich schneidende Heerstraßen
gewesen sein.

Oertlingshausen: S. I. 14. Was ist am Ringelstein? und

Oetterskbetheim: X. V. 9. am hohen Markstein noch zu sehen? Woher der Name
Burgweg? Ist an der Straße noch
ein fester Bau kenntlich, ebenso VI. 1t. an
der Straße?

Häuingen: Was bedeutet S. I. 13. Harsberg;
N. I. 13. Unterstadt (Wall)?

Karlsberg: N. I. 14. steht Frankreich an
der Steingasse; N. II. 12. am
Hermen'

Lindenheim: X. VI. 10. auf dem gesteinten Wege, (Urkunde von 1390), Burgweg, Ousbgasse, An der alten
Mauer? N. VII. 9. Was ist noch auf
dem Wartturm zu sehen?

Kirchheim a. b. Eck: N. III. 9. Woher der
Name Bergsteig; 10. im Gemörtelt?
Welche Richtung hat die Heerstraße,
und wie weit reicht dieser Name? Desgleichen

Nielsbodenheim: N. VII. 9. Neben der Heerstraße? Woher der Name Burgweg.

Roxheim: N. V. 7. Hochstraße, Bodstraße, Steingebith, Wart; V. 8.
am Steinweg, die Teufelsmorgen,

im Markgrafen; VI. 8. am Burgweg?

Sommersheim: N IV. 7. Burggärten?

Rüssheim: N. V. 9 am heiligen Platz. Auf der Bari?

Nachtenhof: N II 12. Wie weit gilt die Benennung hohe Straße?

Neuleiningen: N. III. 10. am Feuermännchen; 11. Schelmenäcker; 12 am kleinen Donnersberg?

Obersülzen: N. IV. 8 Goldberg, Holzstraße, Orlenberg, Dorschberg? Wie weit geht die Benennung auf der hohen Straße?

Obrigheim: N. VI. 9. Im Barbweg (vielleicht aus Burgweg berichet)?

Quirnheim: N. V. 11. am Goldberg?

Sausenheim: N. III. 10. Wie weit kann man Auf der Bari sehen? N. IV. 10. Welche Richtung hat die Kohlstraße und wie weit erstreckt sich dieser Name? Was bedeutet der Name Goldberg?

Tiefenthal: N. III. 12. im alten Hof. IV. 11. am Delmitsbrunnen?

Wattenheim: S. I 16. Scheibenkopf? Sind im Bezirk NW. vom Bergersthalerhof S I. 15. Befestigungen?

Bezirksamt Germersheim.
Kanton Germersheim.

Bellheim: N. XIV. 6 Wie ist die Beschaffung Neuhaus beschaffen? Was bedeuten die Namen: Fellach: S. XV. 5. Kempolen, Sennach, Silberberg, Spiegelbrücke, An der alten Straße? eine alte Straße wird schon 1470 bei Bellheim erwähnt. Ist von dem alten Turm noch etwas erhalten, wie sich derselbe an? S. XV. 6 desgleichen von der Arbeute bei der Hortmühle? Woher die Namen Hedelweg, Silberäcker,

Ring? S. XV. 7. Wie weit wird der Name Hochweg und Kreuzweg gebraucht? Woher die Namen: Gallenberg zwischen Bellheim und Herxheim?

Germersheim: S. XIII. 3. Blutweg, Blutloch, Drutloch; S. XIV. 4. Unter der alten Straße, Teufelsbrücke, Hexenbrücke (Sage?) Bilder; XV. 5. Gickelholz?

Hördt: S. XVI. 3. Heidenäcker, Heidenviertel? Was ist an der Ringmauer zu seh'n? Wer der Hansberg befestigt? S. XVI. 4. Wer aber ist noch eine Schanze im Schanzenfeld? (Schanzenbuckel?) Was bedeuten die Namen: Mehlfurt, Kl. und Gr. Brenn (Baß)?

Knittelsheim: S. XV. 6. Im Roog. (Schog?) 1470 ward hier eine alte Straße erwähnt; Brettberg zwischen Knittelsheim und Herxheim?

Kuhardt: S XVII. 5. Im Teufelsloch. (Sage?)

Leimersheim: S. XVII. 4. Im hohen Weg; XVIII. 4. Seelhof, Schelmenbach, ½ Stunde südlich am Schänzel. (Ist dort noch eine Schanze?) 30 Minuten südlich im alten Dorf, (Sage?); 5. Kirchturm, Ripper?

Lingenfeld: Was bedeuten die Namen: S. XII. 4. Im Bufhel (Ist dort der Rest einer Schanze?), Heidengewann, Goldberg, Heidenäcker, RothmantelsGanse; S. XI. 3. Kettenwiesen? Ist am langen Stein noch ein solcher vorhanden?

Neupfotz: S. XVIII. 5. Bargberg, Teufelsloch ¼ Stunde nordwestl.?

Niederlustadt: S. XI. 3. Wie weit ist der Name auf der hohen Straße gebräuchlich? XII. 5. Wie erklärt man die Benennungen:

Unter dem Schänzel, Glockengewann; S. im Strähel, auf die hohe Straße, Heidenäcker?

Oberhausen: Hier finden sich die Namen: S. XII. 6 Hohe Straße, Burgwiesen, An der hohen Straße.

Ottersheim: Was bedeuten die Namen: S. XV. 7. Kaisermorgen; 8. Erbbeinzbaum, Goldgrube, Ortlenbüschel zwischen Ottersheim und Herxheim?

Schwegenheim: S. XI. 4. Brändelsberg, Hölle, Scheeweg; 5. Tantenbühl, Himmelreich, im Ring (an zwei verschiedenen Stellen)?

Weingarten: S. XI. 6. Schloßplatz, am Bohlenweg?

Weßheim: S. XII. 5. Im Ballenreich, am Büschel?

Kanton Kandel.

Berg: S. XXV. 9. Höllenloch. Woher kommt die dreieckige Schanze (Redoute)?

Erlenbach: Was bedeuten die Namen: S. XIX. 8. Heidenäcker, Hörstel; XVIII. 9. Daubenbusch?

Freckenfeld: S. XX. 11. Barmberg? Wie ist die Befestigungsstätte Hochhard beschaffen?

Hagenbach. Wie erklärt man die Benennungen: S. XXIII. 6 Ravel, Goldgrund?

Hatzenbühl: S. XIX. 7 Schelmenhecken?

Jockrim: S. XI. 4. Scherpfer; 5. Flöttig, Heidel?

Kandel: S XIX. 8. Holberbühl (früher Ochsenberg)?

Minfeld: S. XIX. 11. Heerzeil? Was hudel man am langen Stein? Die Straße von Kandel über Minfeld-Freckenfeld nach Altenstadt-Bergheim im Hagenauer Forst heißt die Altenstraße in dem alten Weistum der Königsleute die hohe Straße. Zeigen sich Be-

festigungswerke auf dem Schellenberg
S. XX. 11?

Neuburg: Woher der Name: S. XXV. 7.
Stahlwald?

Pfort: S. XXII. 6. Böllenwiesen; 7. im
Rott am Bildbaum?

Rheinzabern: S. XVIII. 5. Teufelsstehle; 6.
Lagerfeld, Ballreich?

Schaidt: S. XXI. 12 im Ring, Schelmengrube?

Schaidenhardt: S. XXV. 10. Und welcher Zeit
stammen die beiden Schanzen? 11. Himmelreich?

Steinweiler: Ist an der Schanze (Schanzberg)
S. XVIII. 11. noch eine Befestigung
sichtbar? Was bedeuten die Namen: S.
XVIII. 10. Kligehäg?

Rülzheim: S. XVI. 5. Heidenvierteil?

Hollmerweiler: S. XX. 12. am Hedweg; XXI.
13. Römeräcker, Lehenäcker?

Winden: S. XIX. 11. Oberer und unterer
Grasweg?

Wörth: S. XXII. 17. Heidenäcker?

Bienwald: Was weiß man über die Namen: S.
XIX. 6. Schelmenwald, Schelmenhecke
Gräben? 7. Ist im Walde Bienwald noch
die Türkenschanze? XX. 7. Ist im Walde
Hermannsberg noch eine Befestigung? Was
bedeuten die Namen: XXI. 7. Mällers-
morb, Reitschule; 10. Bildstraße;
12. Schelmengrube, Hochstall; XXII. 7.
Ulfelderle, Dorlsberg, Römer-
straße; 9. Stetsweg; 10. Teufels-
horst, Rordhausen, Schlangen-
lache, Gutenbrunnen, Hellbrunnen,
Holländerbrück, 11. Rehnlache;
XXIII. 9. Morblache, Herenschlag; 10.
Ratzenbuckel; 11. Triumvirat; 13.
Kriegsberhan; XXIV. 9. Drei Brüder,
Rosengarten; 10. Rosemans; 11.

Mörderhäusel, Sped, Schlangensee; 12 Herrgottsschlag?

Bezirksamt Homburg.
Kanton Homburg.

Bachhofen: Weher die Namen S. VI. 34. Preußenlager; S. VII. 35. Unter dem kleinen Rautschen, Heidenreich (Wald)? Ist in der Nähe von Bachhofen gegen die Krummühle hin ein Heidenhügel oder Heidenkirchhof und was

Biebershausen: S. VIII. 30. Kreuzstraße, Steiniger Wald?

Erbach-Reiskirchen: Weher der Bodnam S VI. 35. Schnapphahn; 36 Horreswald, am Lager. Altenschlag; VII. 36. Thibashede (Thibaut's Hecke?); 37. Alte Straße durch den Wald Embrischacken?

Homburg: Was bedeuten der Namen S. VII. 34. Ueber der Schanz im Sanddorf. (Ist dort noch eine Befestigungsrest?) Sachsenlager, Franzosenlupp, Herzogsw'sg. Leisenberg, am Schelmentopf bei Bruchhof? VIII. 34. Berlaren Feld, Vogelhaus, Schanze (Beschreibung, Zeichnung). Borschbaum (Wald); VIII. 35. am Heidenbruch; IX. 36. am Gebäuert?

Käshofen: S VIII. 33. auf Baalstall, Schanz? (Ist dort noch eine Schanz? Zeichnung)

Kirberg: S. VIII. 31. Unter dem Schloß, IX 34. Auf dem alten Schloß, IX. 35. Unter dem alten Schloß, X. 35. Am Gablon?

Kleinbundenbach: Weher die Namen S. IX 32 Eisel, Ampelroth?

Knopp: S VIII. 30 Geilers (Wald)?

Krähenberg S. VII. 31. Bilmstein; VIII. 32. Heidenkopf?

Lambsborn: S. VI. 32. Auf dem Heidenkopf,

Heiligenwald, Geynerwald; 39
Pfaffenlach, Hohberg. Bartl
Langwieden: S. V. 30 Auf die Spid, Udel-
feld; VI. 31. Unterm Steinhausen,
im Batal, Zinkenkreuz?
Martinshöhe: S. VI. 31. Weilerwiesen,
Weilerweg, am roten Kreuz, Blaul-
berg?
Niedentahl: S. VII. 32 Heldenfeld? (Sag?)
Wiesbach: S. VII. 31. am hohen Stein (Be-
schreibung), Himmelsberg. Steinerwald,
32. Burgwald, Lamach; VIII. 32.
Badstuhl.

Amts Landstuhl.

Bann: Stadt am Hasenberg S. IV. 30. Reste
einer Besichtigung?
Bettenhausen: Was bedeuten die Namen: S. I. 37
Bettelhöll (Benefizel)?
Bruchmühlbach: S. V. 32. Heldenhäbel.
(Stadt dort Shegelgräber)? Stabbell,
Hörchen (Bach)? Wie weit erstreckt sich
die Bezeichnung alte Straße? Was ist
am langen Stein zu sehen?
Jadenberg-Simbach: Woher kommen die Namen:
N. I. 30. Heldenköpfchen, Höll-
welker, Himmelsberg. Dermischberg,
Salbtent, Kremelberg; 31. auf
dem langen Stein?
Herbartsbrunn: S. VI. 30. Schloßkopf,
Wallmacht; VII. 29. Heldenkopf; 30.
Frankenäcker, am Weiler, am
Schimmel? In Gemeindewald sollen
Shegelgräber sein.
Simbbach: Was erzählt man über die Namen:
N. I. 31. Heldenhäbel, auf der Biel;
32. Im kleinen Heidenhäbel? Sind
auf dem Schanzenacker noch Wall oder
Graben wahrzunehmen?

Hauptstuhl: Woher die Namen: S. IV. 31. Schanzerweg?

Hütschenhausen: S. III 31. Heisenenlager; 32. am Marisberg. (Marsberg T) IV. 31. Schernges, Schemges; 32. Schanzerfeld?

Katzenbach: S. III. 30. am Allmuth, im Kohlstuhl? Entstehung, Lage, Größe der Hügelgräber im Katzenbacherwald?

Lindbach: S. III. 30. Kinzen. Heidenfels?

Kirchenarnbach-Obernheim: S. VI. 29. Sielemauer, Heidekopf (3 mal.); VII. 28. Goldberg? VIII. 28. Wo liegen die Hügelgräber an der Hochstraße bei Kirchenarnbach?

Kottweiler: S. I. 29. Am Heidenhübel, Borgelhebel, Vorgeldell, Hundsbübel?

Landstuhl: S. III. 28 Henweg; 30. Langenbusch; IV. 28. Franzosenader, im Bolstel (Bast)?

Linden: S. VII. 26. Goldfelsen, am Kastel und im Kastell. Ist dort ein Befestigungswerk?

Mackenbach: K. I. 32. An der Wart; 31. auf dem Läustel?

Miesenbach: S. I. 29. Kleiner Hügel, Hebhügel, auf der Straße?

Mittelbrunn: S. V. 29. Langenstein. In der Nähe von Mittelbrunn sollen Grabhügel sein, wo? S. VI. 29. Was bedeuten die Namen: Heidenhüller?

Neudberweiler: S. I. 31. Kremelgraben, Diebsgraben, Manisberg; II. 32. Hexenthal (Sternthal)?

Niedermohr: S. II. 31. Hölle, Naugrafenbusch?

Oberarnbach: S. V. 29. am Stuhl; VI. 27. Gelterat?

Obermohr: S. I. 31. am Feuersteinhübel, II. 30. Hochwart?

Oberarnbach: S. V. 25. Geltershalb?

Ramstein: N. I. 27. Welche Gestalt haben die Schanzen westlich vom Schellenbergerhof? 30. woher die Namen: Die Hochwegewann? II. 29. Zahl, Lage und Größe der Grabhügel bei der Unterschernauer Mühle? 30. im Lager?

Reichenbach: N. II. 29 Gerhummelhöhe; 30. auf der Bellwiese, Oelmisch; I. 30. Kaulebach?

Reuschbach: S. I. 30. Beiselsberg; 31. Häringswäldchen?

Schrollbach: S. II. 31. am Frankenthal, vor dem Heldenbrod, Wachtkopf. (Wachtkopf F., Glühchen). Heiligenthalerrech, Krämersberg?

Schwanden: N. I. 29 Hilsberg, Bermershof, Herhügel?

Schwedelbach: N. I. 22. Heidenkopf?

Steinwenden: S. I. 30. Jungfrauenwald (Enge)? Grauselnbalch; II. 30. Hinten am Schwolbel?

Vogelbach: S. VI. 33. Markt?

Weltersbach: S. II. 30. Rechterhand dem Schanzgraben, auf'm Schimmel?

Canton Waldmohr.

Altenkirchen: S. II. 35. Schlossberg (mit römischen Funden, Münzen, Statuen. III 6. 65.) Was bedeuten die Namen: Althalzgebau, Songerswald, (Sonierswald T.) Hähnerkopf, 37. Uhlenwald; III 36. Höhnerhof?

Altstadt: S. VIII. 37. In der Spek, Höllengraben?

Börsborn: S. II. 33. Frohschweiler, Hammertswald; 34 In der Gausen, III 34. Ritterwald?

Breitenbach: S III 37. Serephstul, Schlepp-

b u l (Wald)? Welche Lage haben die Fluren
Heldenlon und an der Röten?
Brücken: S. III. 34. Karschwald, Ziegelberg; 35. Bleul, auf dem Speck; 36. Reinschwald? Wo ist der Türkenbusch bei der Banderogerndankste?
Dietschweiler: Woher die Namen: S. II. 31. Gerdelstein; III 32. Burrwald, Burrbek; 33. Galgenbest?
Dittweiler: S. III. 34. Denselberg, Obrsten?
Donsweiler: S. III. 36. Lagerwald; IV. 30. Riffelsbach, Römergarten? Wer kann Auskunft geben über Gebrugrotte und Werthäuser, die zwischen Schmittweiler und Donsweiler gestanden sein sollen? S. IV 32. auf der Schanzerbruch, Schanzerhof, Schanzermühle?
Frantzche I: Woher die Namen: S. VI. 38 Steinerner Mann, todte Krieger; 39. Bildstock?
Grieß: S. III. 33. Am Schloßberg, Achterwald. (doch sollen Hügelgräber sein, wie viele? (Einzeichnung) Schwerdel, Kremel; 34. Heidchen (Wald) Lowenberg?
Höchen: S. V. 37. Quadborn, Wittum?
Jägersburg: S. VI. 36 Schloßwald, Eiskeller, bei der alten Kirche?
Kirkel-Neuhäusel. S. IX 40 Alte Straße; X. 39. Frauenthal, Steinkammer; 40. Rosbruch?
Kleinottweiler: S. VII 37 Kirchhoff?
Kübelberg S. IV. 33. Kriegsdell?
Limbach S VIII 38. Speckenbruch, IX. 38. Sengelsberg; 39. Darron, Kangler, Todtenpfuhl? Ist der Limbach noch eine Steinkurt oder Schollurt bekannt?
Mausbachweiler: Was bedeuten die Namen. S. I. 32. In der Eichermauer, Geitersberg?
Oberberzbach. S. VI. 38. Zwischen der Hochstraße

und Ottenwiesel. Wie weit läßt sich diese
Hochstraße weiter verfolgen, wie weit wird
der Name Hochstraße gebraucht?

Niederbexbach. Daher der Namen: A. VII. 37
Bei der Altmühle?

Niedermiesau. A. IV. 32. Speckteile, im
Schelmenwinkel?

Obermiesau: A. V. 33. Gräfenwald; 34.
Petersswald, Petersee?

Sand: A. IV. 33. Gehultes, Santerhausen
Galgenhübel. Schnee?

Schernberg: A. IV. 34. Am Steinwald,
Heidenweiher (Sage?), Dreihügel, (Sind
dort Grabhügel?) Festerswald?

Steinbach: A. II. 34. In der Mauer?

Waldmor: A. V. 36. Herzogenberg, Heipels-
kopf (Wald) Dreiligerwald; VI. 34
Spiegelbach, Spiegelwald; 35.
Schwarzfeld, Spiegeldamm, Mörders-
delle, Schnepphahn? Ist bei Waldmor
noch eine Bartenfart bekannt? Sind noch
Hügelgräber bei der Moormühle?

Bezirksamt Kaiserslautern.

Kanton Kaiserslautern.

Alsenborn: N I. 17. Wo ist der Odar? "die
Burg" ist auf den Dachwiesen jetzt beschossen?
Daher die Namen: Geldloch, Dämmches-
weg, Beberberg, (Sind dort Grabhügel?)
Alte Schindkaut; II. 16 Galgen-
wald, Billeskopf; 17. Siansberg,
(Baß). Schelmenkopf, wo steht die
Schanze von 1793 oder? A. I. 17. An
der Schanze. Altenhof. Oeringel-
thal; 18. Golden (Baß.)?

Antenbach: A. I. 12. Heidenhügel (an 3 Stellen
sind Grabhügel)?

Erfenbach: N. I. 24. Gelbacker, Kreuzstein;
A. I. 23 Frauenwiesen, (Sage?)
Finkersiegel (Wald.)?

Erzenhausen: N. L. 26. Sauweg; 27. alte Fahrt; H. 27. Höllenader?

Fischbach: S. II. 16. 17. ragt der Schloßberg noch Befestigungswerke und welche?

Frankenstein: S. III. 15. Woher der Name Heidenfels? Wie wird erklärt sich der Name Hochstraße? Ist der Schloßberg noch befestigt und wo?

Hochspeier: Was bedeuten die Namen: S. III. 17. Franzosenhalde, 18 im Schelmenthal, Eindelsberg? Wie sieht das Schänzchen aus? Was erzählt man über die Namen: III. 19. Heiligenberg, Heiligenthal, Plabesch (Plapparsch?); 20. Rummel, todter Kopf, Beilstein; IV. 19. Schanze, Bradplod, Franzosenthal?

Kaiserslautern: S. II. 21. Peterskopf; 22. Auf dem Burggraben, Steingasse (in der Stadt); 23. Rentelgarten, Welschgaß (Waß); 24 Schanze; 25 Heldtöpfe, am todten Mann (Wie viele Grabhügel sind in dem ?? Geiersberg? Bitte um Einsendung); III 21. Höllenkopf; 22. Dintelstein; 24 Schänzchen. Brennhügel; 25. Allstraße; IV. 20. Specht (Waß); 21 Jungfrauenstein; (Sage?) 22. Leßberg; 23. Schwarzstraße; 24 Burghalde bei Hohenecken, Hausberg beim Bürgerhof. (War dort eine Befestigung?) 25. Peterskopf (erschanzt?)

Katzweiler: Woher der Namen N. L. 25 im alten Dähnerbusch?

Kriednbach: S VI 25 Vorderer Görgborn, am hohen Stein. Seelen (Waß) am Heidenhebel, Heidenhalde; VII 25 Schelmenheide, Schanzelgewann? (Ist dort noch ein Schanzel? Zeichenbang)

Mölschbach: S V 22 Obermod, 23 Geltershalb. Geltersweg?

Oberfalzbach: N. II. 26 Auf der Wallhöhe?
Pörrbach: N. II 27. Bautenhart, Gellerwald?
Rodenbach: S. I. 25 Sinnerkopf, im Hühnerbuich; 26 Kreuzberg?
Schwarbach: N I 18 Höllbuch, Heidenkopf, auf dem Galdberg?
Siegelbach: N. I. 27. Heidenberg, Bauerfeier?
Trippstadt: S VI. 19. An den drei Steinen; 21 Steinhübel; 22 Willgenberg, Hexengarten, am Gericht; 23. Eidwahl; VII 21. Ist der „Oelstein" in der Umgebung der Burg Wilenstein noch bekannt? Was bedeuten der Namen: VII. 22. Heidenkopf; VIII 20. Hochstraße; 21. Steinbrunnen, Schlangenebene, Schlangenberg; 22. Schauerdelle, Schelmenheld; IX. 21. Welterstein; 22. Welscher Franz?
Waldleiningen: S IV. 16 Eselhübel; 17 Dachsenhelle, Propfthal; V. 19. Schloßberg, Churheck; 21 Steinmauer?
Weilerbach: S I. 20. am Schanzel, Schellenbergerhof. Wie lautet die (von Mehlis, Studien III. S. 62 angedeutete) Sage von der weißen Frau daselbst?

Kanton Otterberg.

Baalborn: Was bedeuten der Namen: N I. 19. Drei Hübel, Hermesberg? das bei Mehlis erwähnte deutsche Grabhügel ⅓ St. nordwestl. von Baalborn zwischen dem Langeherhof und dem Langermeiser; was ist von beiden noch vorhanden?
Erlenbach: Woher die Namen: S I 21. Saubübel; 22 Heiligenmannhübel, Heilberg; N. I. 2. Steinhübel?
Heiligenmosthof: N. III. 22. Heidenkopf (zweimal), IV 22. Schlangenhöhle,

Franzosenecf; 23. Zwischen den
Straßen, im Blauel (früher Flurname)
Eltenbusch, am Bill; 24. Schelmenader; V. 23. Mauerwald, Böhen-
ader?

Orimskirchen: N. IV. 24. Schelmenader beim
Holbornzagel. V. 23. Schlangenböhle?

Olsbrücken: N. III. 23. Wildfrauenloch
(Sage?) II. 25. Höllenwald, Wallhöhe?

Rathweiler: N. I. 23. Im alten Hühnerbusch;
II. 24. Darleberg, Randelberg?

Wörsbach: N. II. 23. Rupperlsplatz und
Rupperlspfähl; 24. Höllberg?

Morbach: N. V. 25. Wie weit erstreckt sich die
Bezeichnung Hochstraße? Was bedeuten
die Namen: Lagerborn, Krippes?

Niederkirchen: Sind N. V. 24 bei den Übersetzungen
Schanz und Burg (Berg F.) noch Befestigungen zu sehen?

Neunkirchen: N. I. 19. Ist am langen Stein
noch was zu sehen? Was bedeuten die Namen:
N. I. 20 Kirchhof (Wald); S. I. 20
Urbenmacher (Wald), Budel? Wie
weit geht die Bezeichnung Alte Straße?

Oberfalzbach: Woher die Namen: N. II. 20.
Geiterswald, Hammerwald?

Olsbrücken: N. I. 25. Mönche Rosen?

Otterbach: Stehen sich noch Befestigungsreste
S. I. 23 auf dem Schloßberg? Was be-
deuten die Namen: Osterberg; N. I. 23.
Walled, an der Strobel?

Otterberg: N. I. 21. Heidenhügel im Walde
Stackelsberg (Grüne und Umgrenzung). Trobsche
(Wald); II. 22. Birothohof (Wald), 23
Engelsberg beim Lauerhof, Bedsinder-
höbel; III. 21. Bedosend (Wald-
abschnitt mit 3 Grabhügeln) Wo ist der
Donnergraben bei Otterberg?

Schallodenbach: N. III. 21. Im Lager, Spedwasen; 25. in der Kreuzstraße, IV. 24. Schloßhübel?

Schnackenhausen: N. III. 22. Heidenkopf beim Borierhof, Hinkelstein, Drageneerloch; 23. Heidenkopf, im Pfalzwald?

Albersbach: N. IV. 23. Auf der Eyenheck, bei der Kautschmühle, 25. am langen Stein, Geilspieß, Schloßbuschf?

Kanton Winnweiler.

Alsenbruch: Woher der Namen: N. V. 18. Heidenäcker?

Dörrstadt: N. V. 6. Pfalzwiese, Goldhübel; 17. Alte Straße?

Bräunsweiler: N. V. 16. Steintafel, Bogenberg?

Falkenstein: N. VI. 19. Schelmenkopf (wo die Reste eines Sammerengaspales sein sollen), Schanzgewann nördl. beim Dambacherhof?

Gehrweiler: N. V. 21. Hühnergraben; 22. Teufelsloch (Wald. Sage?)?

Gaubach: N. III. 18. Hollstein, Wald; ist dort ein hohler Stein und wie beschaffen? Drachenwäldchen, am langen Stein?

Gundersweiler: N. V. 21. Haidenhübel; 22. auf der Henne, Ejelsberg?

Hahnweiler: N. V. 17. Wer viele Grabhügel sind im Plassenschlag? Wer ist die künstliche Höhle bei der Klause beschaffen?

Hörlingen: Was bedeuten die Namen: N. IV. 21. Oyenthal, Galgenberg?

Imsbach: N. V. 18. Hermesthal und VI. 18. beim Dahsels Befestigungen wahrzunehmen und welchem?

Imsweiler: Ist der lange Stein N. VI. 21. noch vorhanden? Der Burg am rechten Ufer der Alsenz, 23. Der Heidenkopf?

Lohnsfeld: N. IV. 19. Auf der Straße?

Münchweiler: Woher die Namen: N. III. 21,

Schilmerkopf T, (Schelmenthal F) N. IV.
19. Mordkammer, Rallfisch?

Reichenbach: N. II 17. Schloßberg; II. 18
Vier alte Grabhügel liegen im Walde
Hammerschlag und vier nahe am Gries-
berg? Der spitzige Dübel soll noch in
den Franzosenkriegen als Zufluchtsort gedient
haben. III. 17. Vier viele Grabhügel sind
im Walde Oelberg? Woher der Name
Oelbloch?

Roßbach: N. III 21. Rothe Hügel, Runde
Hügel, Ungeheuer, Schelmenthal?

Schweisweiler: N. V. 20. Thranfelsberg T.
(Schäreu F); VI 19. Schanzengewann;
20. Urlsberg?

Sembach: N. II. 18. Hauter?

Eppersdorf: N. III 17. Tehberg; IV. 16.
Heidenstied K und Heidenpladen F;
IV. 17. Schloßberg, Dardenstein,
Schimmelberg. Vier viele Grabhügel sind
III 16 im Franzosenschlag und sonst
in der Näh?

Steinbach: N. VI. 16. Nach Heintz, die bayerische
Pfalz S 64 enthält das Weisthum von
Steinbach folgende Stelle: "Von dem weg, der
da geht von Zawweiler (Jakobsweiler) gegen
Heimerobach (Schmerobach) bis in das
Gehenloch, da liegt ein Stein herüber
gegen dem Heidenbawen, dernach daselbst
bis zu den Zellerwysen". Wo liegen die
genannten Ortschaften und was bedeuten die
Namen:

Wartenberg: N. II. 19. am Hauter, Franken-
land, alte Straße, III. 19. Schloßberg, Schanzenberg?

Weilerbach: S. I 26. am Schanzel, (Schhrnbg)
II 25. am todten Mann, Heidelöple;
N. I 26. Schelmenthal?

Winnweiler: N. V. 19. Laubbühl?

Bezirksamt Kirchheimbolanden.

Namen Göllheim.

Biedesheim: N. VI 11. Woher der Name. Auf der Wart? Wie weit erstreckt sich die Benennung hohe Straße, 12 an der alten Straße?

Dreisen: Woher die Namen: N. VI. 14. In der Löwenhalde; VII. 14. Horauf?

Eisenberg: N III. 13. Benne, IV. 12. kleine, große Goldstücke, Sauderkopf, Goldäcker, Burggarten; 13 Löwenäcker, Lorenzenkopf?

Göllheim: N. V. 13. Kriegsberg; 14. An der großen Nordkammer, Glockengewann, 16. Mäuserseite, Ringelsberg (Wald)? Wie weit geht der Name Steinweg? VI 12. Was erzählt man vom Drachenbrunnen; 13. Guldengewann? Wie weit wird die Benennung Heerstraße gebraucht? 14. Heidelsberg?

Herxheim: N VII 10. Pahlenberg an der Hochstraße. Wie weit wird die Benennung Hochstraße angewendet? wie weit VIII. 11. die Benennung Königstraße?

Immesheim: N. VIII 11. woher der Name Burgweg?

Kerzenheim: N. IV. 14. Goldäcker; 15. Biermannsthal, Biermannsbusch; N. V. 13 An der Goldgrub, im Dörgi?

Lautersheim: N V. 12. Heiligenloch? Sind auf der Lehrwiese kleine Hügel?

Niefernheim. N. VIII. 10. Am schwarzen Herrgott?

Ottersheim: Woher der Namen: N VII 11. am Steinbuckel; 12 in den Kriegsäckern, Kreuzstraße?

Ramsen: Woher die Namen: N. I. 15. Märzsbrunn, Märzbach, Franzosenschlag, 16. Alte St. Nikolaus (Wald). Obsenkopf, Diebskeller? II 14. Grabhügel in den Waldab. Sandhübel und Salweidenschlag; 15. Otterscheid, Grabhügel in den Wd. Wolfschneise, Dreimärker, Röche, Gebertsholz. Was ist noch auf dem Schloßberg zu sehen? 16. Woher der Name. Heidenbleichen? Nach Arbsit (Studien VI S. 23) liegt zwischen dem Morbese und Elsenborn, wo links der Eisweiher rechts eine dammartige Höhe an der Straße herandrillt, auf einer ferienspingenden Kuppe ein obaler Ringwall mit hartem Profil. Ist diese Kuppe gleich mit dem zuvorerwähnten Schloßberg aber ist es eine zweite Befestigung? III. 14. Frauenholz; 15. Hameline, Beerberg?

Roderbach: Woher die Namen: N. V. 12. Im heiligen Loch, im Leberstein?

Nistingen: N. VII. 12. An der alten Kirche, Silberberg?

Stauf: N. VI. 14. Hühnerader (Wald), Arles, Pfaffenlach? Wie weit erstreckt sich die Benennung hohe Straße?

Zell: N. VIII. 10. am Hochstein?

Canton Kirchheimbolanden.

Wölfsheim: Woher stammen die Namen: N. VIII. 11. Königsstraße, Fraischberg; 12. bei der alten Warte, im Peddel, an der Straße, Heidengarten (Sage?); 13. ober der Heerstraße, Galgen; IX. 12. am Tatenacker?

Bennhausen: N. VII. 15. Solbächer, Stahlberg, Scharlenberg?

Ilbesheim: N. IX. 13. Ober der Holzstraße; 14. Auf dem Eselsweg, Auf der Benn, Kalmitbrunnen, X. 13. Schanzgewann, im Rdig, Lange

Stein, am Galgen; 14. Totengraben?

Bolanden: N. VII. 14. Am Hübnerstein (Hünkstein); 15. Ziegeloden; VIII 15 Silbergrube, an der Kohlstraße; 16. Gassermies, Gasserliesern?

Dannenfels: N. VII. 16. Im Bächel; 16. Schelmenkopf, Goldbeile; Gladenbeil, Teufelsloch; 17. Nordkammer, am Königsstuhl, am Turm, großer Turm, Schauenstein; VIII. 17. Schaßgrube, obere und untere Steinweg?

Einselthum: N. VIII. 10. Seltersberg, 11. Bungert (Sangen), Epf; IX. 10. Holzstraße; 11. Am langen Stein? (Alte Türm T.)

Gauersheim: N VIII 12. Warttum (Schange?); 13. An der Altmauer; IX. 12. Am Pfahlbad (Palßbad), Am Goldloch, Am Totenacker; X. 12. Eselsweg?

Jakobsweiler: N. VI. 17. Reißender Fels, Herkulesberg; VII. 16. Stahlberg, Heidenacker? nördlich von Jakobsweiler eine Burgstelle mit Rundturm. Wer weit geht die Benennung Hochweg?

Ilbesheim: Was bedeuten die Namen: N. X. 12. Beim Totenkopf, In den Schelmenäckern, Eselsweg, Uffinger Straße, Hochstraße; 13. Auf dem Dämmerig?

Kirchheimbolanden: N. IX. 15. Worte? Wie weit erstreckt sich der Name: Frankenstraße, Breitstraße, Steinweg, 16. Totenweg? Was bedeuten die Namen: IX. 15. Heiderkopf, Michelsdorf? Was ist nach Schüler von der Schanze am Thurmeichgang IX. 16.? Unteilige Redoute in der Kirchheimerstraße Schanze? Was bedeuten: Hermannsberg, Hermannskopf; 17. Heidensäbel, Totenweg. Schanze in der Waldabteilung Ochsenwies, Bollerberg; X. 16. Lernbach, Hessenhütte, Gelände, Albertskreuz?

Kringsfeld: N. X. 13. Schifferlsberg; XI. 16. Bocheria (Bach?), Wolfsgalgen, 17 Steinel, Sinthols; XII. 16 Heidewies, Bremerich, auf der Raubhütte, 17. Im Balgel, Peberstein, Nonnenwiesenschlag, Reilsberg; 18. Bremenberg?

Marnheim: N. VI. 13. Hohe Benn beim Albertsmarchof, VII. 13. Am Heidenborn, Diebspfad; 14. Glodenacker, Glodenwiese, Goldhübel, Bennmühle; VIII. 13. Im Spittel, genannt Totenplatz?

Rauschenheim: Was erzählt man von den Benennungen N. XII. 13. Trappenberg, Hinkelstein, Im Türmchen, Hinter hohen Orbis? Wie weit geht die Bezeichnung: Jungstraße, Am Heerpfad; XI. 13. Frankenstraße, Kaiserstraße? Woher die Namen: An der Kehr oder Alten Berg, Im Honig (häufiger Flurname)?

Rüßfeld: Was findet sich N. XIII. 16. Am Schloßberg?

Norsheim: N. X. 14 Am Wachtbaum, XI 14. Hieberg, An der Holzstraße, Auf der Mauer? Wie weit erstreckt sich der Name Heerstraße?

Orbis: N. X 15 Auf der Straße, An der Frankenstraße? Wie deutet man: Auf der Erber (Sind dort kleine Hügel?), Heidewiese, Lauphaus (Wolo), XI 15. Am Heidenkopf? (Sage?)

Rittersheim: N. IX. 14. Vor der Pilgerstraße, Am Grasweg, Auf der

Schanz. (Beschreibung und Zeichnung fehlt). Am hohen Stein?

Stellen: N. IX. 11. An der Bellen, Osterberg, X. 11. Am hohen Naßstein, (Langer Stein X. Hohe Stein?); 12 Nabel, Steinmauer, Am Schänzchen?

Kanton Obermoschel.

Alsenz: Woher die Namen N. XI. 20. Im Deularsch; XII. 20. Heerberg, Grabweg; 21. Steinkreisweg, Goldgraben; XIII. 21. Heerholz, Eltersberg?

Altenbamberg: (Altrabamberg) N. XV. 19. Daubhaus, Schloßberg, Judengraben, Spreit, Dietenberg, F. Hamschied F.; 20. Teufelsheck?

Callbach: N. XI. 24. Auf der Straße, Grabskopf?

Cölln: N. X. 21. am Hermeswald?

Duchroth: N. XV. 22. An der alten Straße? Wer weit ist der Bezeichnung, alte Straße gebräuchlich? Woher die Namen: 23. Hundsblas, Hansberg, Teufelsbäck, Notferl?

Ebernburg: N. XVI. 20. Westerberg, Göhenfeld?

Feil (Bingert): N. XIV. 21. Auf dem Heidenbübel, auf Ladwig, auf der Totenhöhl, XV. 21. In der Göhenbach, Teufelsbrunnen (Sage?); 23. am Beendlung?

Hallgarten: Wo liegt das Daubhaus (dubhus) bei dem Mantharhof?

Hochstätten: Woher die Namen: N. XII. 20. Schlemsenberg, Ailbeling, Schimmerling, vor Dorien XIV. 20. Auf der Delle?

Kalkofen: N. XIII. 20. Tempel?

Lettweiler: N. XII. 22. Heidenhell, am Hinkelstein; XIII. 22. Langer Stein im Bannwald zwischen Neudorferhof und Hallgarten.

Grab diese Steine nach verheerend? 23 am Wallenberg, Burgwald, (Buchwald), vor der Heimelt?

Rauweiler: N. XI. 21. Maueräcker, Schloßberg, im Blahl, Tempel, Galgenberg?

Winterscappel: N. XII. 18. Nonnenbach; XII. 19. Wie weit geht die Erwermung hohe Strebel? Woher der Name: XIII. 18 Goldgrube?

Niederhausen: N. XIII. 18. Auf dem Julmen, In den Tantesäckern?

Niedermoschel: N. XIII. 21. Im Uribberg?

Oberhausen: N. XV. 23 im Gundert?

Obermoschel: N XII. 22. Schelmenort?

Oberndorf: N. XI. 21. Heerbell, Beutelstein?

Obernheim: N. XIV. 23 Weilerkopf, Schlanderheid; 24 Daudesheid; XV. 23. Badrol, Nasberg; 24. im goldnen Ring?

Rehborn: N. XI. 24. Auf der Straße, Garelsweg; XII. 23. Heidenbühl; XIII. 24. Bart Claus, Walterberg, Helteshölle; 25. Stuhlwald?

Schiersfeld: N. X. 22. am hohen Markstein, (Wer hat brüste aus?) Kleinliebel, Srull, Ebel, Godurr; XI. 22. Die Burg?

Sitters: N. XII. 21. Ewiger Wald?

Unterbach: N. XI. 23. Auf dem Heldenstell?

Winterborn: N. XIII. 19. Oberleißsbach?

Canton Rockenhausen.

Bayerfeld: Beschreibung des Schloßberg N. X. 21.

Dielkirchen: Wer bewohnt die Ruinen: N VIII 21. Teufelsberg, Legeräder (alte K Urbader, Grab Ochs! aus! dessen Ader!)

Dielkirchen: N. IX. 20. Steinhügel, Stahlbusch, X. 20 Teufelsloch beim Hoferhof?

Dürnbach: N. VI 21. Am langen Stein (Wer fehlt berichte aus?) VII. 21. In der Hölle, Bernfeigen, Rudelsbach, Pein?

Finkenbach: N. X 23 Heidenhaus, Mardwiesen, Kruis, Kessersloch?

Gangrischweiler: N. XI. 18 Schlangenschlag, Deuweg, Rothersum; 19. im Lehmann (und des Grabhügel?) Düringbusch; 20. Nespert

Gerbach: IX. 17. an dem Totenweg; 18 am Steinweg, Kahlenberg, Rödern?

Rappenbach: N. VII. 20. Fehlershede; 21. am Stahlberg?

Marienthal: N. VII. 18 Nordkammer, Hühnerberg (und des Grabhügel?) 19. Teufelsbühl, Schlangenschlag; VI. 17. Degenkammer, Spendel (Gaß), 18. Schloßkeller?

Rockenhausen: N. VI 19. Sponsbrücke; 20. Schöner Weg, Spederbräd; Degenbach, Münz, drei Türme, VII. 19. Simperhang, Lehn, Franzendell, Feilsteps; 20. Sattel, Kanzel, vorderer Steinschluf; 21 Selbenthal, Dachbübel; VIII 19. Wittgemerl, Brand (und des Grabhügel?) Kerzenwald, Waldberg; 20 Randelberg, Doppoh, Steinkrenz? Die sind Reste der Hochstraße von Kreuzhof und Alsenz über Reuben sichtbar?

Ruppertsecken: Wober der Namen: N. VIII. 18. In der Plahlgewonn, Augenberg, Zeigelsbach; 19 Gebad, Krallenberg, Burgwald?

St. Alban N. X 19 In den Heldenäckern, Marbader; 18. Rellwies, Rellwald?

Schubern: N. VIII. 21. In der Maser,

Leerader Beilert, Engelsfürst, Goldgrube?

Stahlberg. N. IX. 21. Königsbuhl, Frischer Ruth, St. Peter, am langen Stern?

Steingruben: N. IX. 21. in den Dohladern?

Tschernoschel: N VIII. 22. Beilswiese, Keltösen, Frontelberg, Brunkel?

Waldgirmweiler: N. IX 23. Auf der Wart, Am Heiligenberg, Leventhal, Bacherech; 24 Geyen, Rossberg?

Würmweiler: wie weit erstreckt sich die Benennung am Steinweg N. IX 19?

Gerichtsamt Kusel.

Kanton Kusel.

Alberten: Was bedeuten der Namen: N. II. 30. Wart, Heidenbüsch, Sirling? Wie weit ist die Römerstraße nach als gebaute Straße unterscheidbar?

Altenglan: N IV. 31. Teu'elsbeck Höhe, weg, Krumelader, Kalmit (Kalmut?) Godersbach, Hahnexkel; 32. Heidengraben?

Blaubach: N. IV 33. Bitersberg, Heidengraben, Roxerweg, Ruchwald, Fladenbusch, 34 Lanerswiese?

Ueberbach: N III 34 Am Heldenbaum, neben auf der Heide?

Bubach: S I 33. Babergwald, Reibling, Heidenbüsch, Laberberg, im Krämel?

Diebelkopf: N IV 33. Auf der Fidelsäule? (Wie steht derselbe aus?)

Ehweiler: N II. 25. Im Dohweg, Ritterstanden, Heidengewann, III. 31. Burchöbel (Burghöbel?), 33. Burgdell?

Erdesbach: N. V. 35 Rauergarten,

Steinerner Mann (Beschreibung?), Bodenrecht

Stißberg: N. II. 33. auf Römelsant

Freinsbach-Demmweller: N. V. 34. auf dem Kremel, im Sabert, Oehsroth; VI. 34. Göbelswald?

Gruhweiler: 8. II. 34. Gemweg?

Hahnbach: N. II. 3?. Am alten Schloß, Krämel, Schelmsgraben; III. 32. Oungraben?

Herschweiler-Pettersheim: 8. I. 35. Wallhede, Burgwiesen, Höller?

Oos: 8. I. 38. Hombüsch, Krämel; 39. Langensteinheck? (Wie sieht der lange Stein aus?)

Hüffler: N. I. 33. Wie weit erstreckt sich die Benennung Hochkrabel? Woher die Namen Burgweg; 34. Heidenhübel, Simmelbach; II. 34. Rebenhöll?

St. Julian: N. VII. 30. Reitererch F. (Welzig T.), Heidenbühl, Inhaelskopf T. Giernthal T. (Schernhof F); VIII. 31. Inhell?

Konken: N. I. 3?. Bart, Schlangenbrunnen, Konschweiher?

Körborn: N. V. 34. im Sabert?

Krettelbach: 8. I. 34. Hochkub, Weltschloch?

Kusel: N. III. 33. Auf den Leben; 34. auf Redert?

Langenbach: N. I. 34. Kreiselslpfchen, am Leben, im Bortel; II. 35. Habelswald (Und dort Grabhügel?), Dermes, Ölpel, Hebbersberg; 37. Karschwälden?

Liebsthal: N. I. 33. Schloßwald, Richelbach, Rödert?

Marth: 8. I. 37. Duberg (Ist aber wer dort eine Verschanzung?); 38. Lehwald, Schanze (Beschreibung?) Krämel, Ulkrämel, Weisenberg?

Mühlbach N. III 31. Strassenwald? (nach welcher Strasse benannt?)
Niederkirchen: S. I. 38 Steinparr, Uhlenwald?
Oberalben N. V. 31. Roberod, Breist; VI. 33 Wildfrauenberg? (Sage?)
Oberstaufenbach. S II 31. Hamerwald, Reunweiler, Tänzelswald, Reulschwald?
Oberkirchen: N. I. 37. Kröblingsroth, Bartweiler (Rüth); 38. in der Mauer?
Osterbach: N. IV. 32 Michelsberg?
Quirnbach: S I 33. Steinemann (Wie heist derselbe sonst?), Altenwald?
Rammelsbach: N III 32. Hangraben, Humbuch (Hundbuch oder Huhnbusch?), am heiligen Spiegel?
Rathsweiler: N VI 33 Heldenseld, Rothlamp, Kremelberg, Frentendell?
Schweller: N I 32. Steinhausen, Sangerwald, Helpel (Häupel?) Kielswald; 33. Brandenbösch?
Saal: S II. 36. Krämel?
Sangerhof: S I 34 Hobenbach, Raselberg, Schwarzland; N VII. 31. Heidenhübel?
Schellweiler: N II. 33. Heldenhübel, Heldengewann, Reimel, Rarrenwald, Rubenbusch, Belcherinnen Timpe:. Ritten?
Selchenbach: N. I. 36. hinter drei Hübel; 37 Marleich?
Thalbergshausen: N. II. 32. Hinter der Altenburg?
Ulmet. N. V. 31 Biederich, Balmachtopf; 32. Oermershübel, Rummelsbusch, Ruth; VI. 31 Teufelsgraben; 32. am Schanzengraben?

Noch (in Zusammensetzungen, z. Hahnen-
noch, kürzer Furrow). Ellenhöhl
hatten Lauterecken.

Abenbach: N IX 25. Was bedeuten die Namen:
Hessenwald (dort finden sich große
verrückte Steine in einem Kreis); X. 24.
Ellsass?

Alsbach: N. VI 26. Auf der Bort,
Tegelteich?

Becherbach. N IX. 25. Kremel; VIII. 25.
Teufelsaiter, Ruhenholz, Belz-
wald, Teufelsech, Kipp?

Bangloff: X. IX. 24. Beilschwald?

Gumbsweiler: N. VI. 30. Reibelsberg?

Heimgenhausen: N VII. 27. Leienberg?

Hinzweiler: N. V 26. Heidenlopf, Lagen-
berg (in Königsberg von Saar: Schleser);
VI. 28. Babachswald (Bogbachs-
wald?); M. Regelberg?

Hohenöllen: N. VII. 26. Beis; VIII. 26.
Höllenberg?

Hundheim: N. VII. 28. Heidenlöpfchen,
Schafbrücke? Was ist am Burgberg
noch zu sehen? Woher die Namen:

Kronenberg: N. VIII. 26. Fahle, Wällchen,
Bitterberg, Hellberg?

Lauterecken: N. VIII. 27. Krämel; IX. 27.
Jugenhöhl, Überhölle; 28.
Hangeis?

Lohnweiler: N. VII. 27. Althed, VIII. 27.
Ebenhell, am Galgen?

Nußbach: N. VIII. 23. Strakenwald; 24.
Borbach, Fletteresberg?

Obenbach: N. X. 25. Galgenberg, Blocksers-
berg, Burghügel; 26. in der Hub,
am Horn, Schorrenwald; X. 26.
Almberg?

Reiffelbach: N. X. 25. Hinkelstein (Ist derselbe
noch vorhanden)?

Relpoltskirchen: N VII. 25. Krippel; VIII.
25. Schelmeneder; 26. Hahnen-
bach, Bierbaum?
Schmittweiler: N X. VII. 24. Sehenberg
(Sehberg ?. Sind dort Grabhügel?); XI.
24. Engelwald?

Kanton Wolfstein.

Albersbach: N. II. 29. Willhaus?
Bergweiler: N. VII. 24. Heidenwald (Auf der
Grub)?
Börsbach: N. III. 29. Hahnerberg, auf der
Bert; 30. Schaubach, Halfskirche;
IV. 29. Kakeiwies; 30. Steinerner
Mann (Was ist dort zu sehen?) Dietzen-
höhlet
Einöllen: N. VII. 26. Stern?
Eßweiler: N IV. 28. Räderkammel, Hilsel,
Höll, Schreierswald, Engler,
Leneschied, 29. Trautmannsberg?
Föckelberg: N. II. 31. am Thurm; III. 30. am
Hanweg; 31. Davidskrone (Hof)?
Frankelbach: N. III. 26. Bartenhebel,
Bartenkopf, Ballhöhe, Sühen-
bühel; 27. Laubach, Höningen,
Kalleborn (Rattenborn?)
Friedelhausen: N. III. 30. Naueräder,
Klopswald, IV. 30. Marlbach,
Dinzelberg?
Oberweiler: N. VI. 24. Goldgrube, im
Bingsberg, Stielewelberg?
Borsbach: N. VI. 29. Spizzelberg? Wo liegt
der Heidenreth?
Jettenbach: Was bedeutet: N. III. 28. Volks-
berg, Stenne; 29. Höllenberg,
Schwendel?
Kaulbach: N. IV. 27. Steinerner Mann,
Nerril?
Rothweiler: N. II. 27. Gassenbergerhof,
Rautemert, Holzpfad; 28. Aufm

Daulasch (so?) Renkeil (Rentel?), Dielenbäbel, Dielellapf?

Kreimbach: N. IV. 25. Schloßbuch; 26. Rothfener (hart) Rollwalt?

Reumkirchen: N. II. 31. Auf der Warth, Buhlwald, Verrader, auf dem Wallgem? (Wer dort am Wall?)

Niederstaufenbach: N. III. 30. In der Rautelbach, Romerwald?

Oberstaufenbach: N. II. 30. Heldenburg, (Herrenburg?). Rompl. Borgerichen?

Oberweiler im Thal: N. V. 28. am Eisenberg; 29. Lehrenberg (Sind dort Hochbügel?), auf der Straß?

Oberweiler-Tiefenbach: N. VI. 26. Heidenfeld; 27. Römerwald, im Eisenkopf. Pfassenbusch; VII. 27. Häuerwald, Böbersberg?

Rathskirchen: N. VII. 22. Heidelberg?

Rehweiler: S. I. 32. Hasenpfuhl?

Reichsthal: N. VI. 23. Essenberg?

Reisberg: N. VI. 25. Heimbäschel, Goldgrube, Grundling, Bambach; 26. Leerbarn, Hartholz, Felshalz, Drehn, Walfstrath?

Roßbach: N. V. 26. Römerpfähl, Schanz (Was ist dort noch vorhanden?), Rambchen, Bauerhahn? Ist in Roßbach an der Straße nach ein Stein mit einem römischen Brustbild eingemauert?

Rothselberg: N. III. 27. Altweilerbach, Auf der Warte, Hereisberg? (Wer weiß Hochbügel find dort? hier am Umgebungen) 28. Hartenwald, Bayenkopf, Wipelberg; IV. 27. auf dem Bärgel, Gelberg, Ellenliegen? Wo ist der Erlenborn bei Rothselberg?

Rudolskirchen: N. VII. 23. am Ellerstein; 24. Dermschel?

Ruthweiler: N. IV. 27. Altschloß (Was ist dort

nach zu sehen!); IV. 26. Rhzelbusch, Stablhausen?

Seelen: N. VI. 24. Guldenäcker?

Weißweiler. N. V. 20. Hermannsberg (auf der Westseite des Hermannsberg sind Reste einer Befestigung und eines Steinwalles beschrieb. Führung und Beschreibung erwünscht). Roßweg, Schlauweg, Galgthal?

Wollstein N. V. 27. Poggreh-Weiher, Bruderborn, Tauchenthal, Schlimmer; VI. 27. Um Heidenstiel zu Nockersbierhof und Wöbach?

Bezirksamt Landau.
Canton Edenkoben.

Altdorf: Was bedeuten die Namen: S. X. 8. Hochgericht, am Heidensted, Altgasse, Schelmengewann?

Böbingen: S. X. 7. Auf dem Hundsrüden, Burgweg, Orlefeld; 8. am Bollweg?

Böchingen: S. XII. 12. Um Geraldestuhl (Gerolsstuhl); XIII. 11. Schanze zu Böchingen und Walsheim; 12. Im Ropen?

Burrweiler: S. XI. 12. im alten Forst; 12. im Gehen, Damb, Raiweg; XII. 12. Sind am Schloßberg und 13. am Ringelsberg noch Reste von Befestigungen?

Diedesbach: S. VIII. 10. Woher die Namen: Rosenkranzäcker, am hohen Stein, am Burgweg, Röbig?

Edenkoben. S. X. 11. Gentweg, im Steinweg?

Edesheim: S. XI. 10. Um langen Stein zwischen Edesheim und Oberhochstahl, 11. am Geraldestuhl? 30 bis 1390 genannte Heerstraße nach bekannt?

Flemlingen: Was bedeuten die Namen: S. XII. 11. im Ring, Langenstein?

Freimersheim: S. XI. 8 Burggarten, am langen Stein (¼ St. nördl. v. Freimersh.), am Heidenstock

Gleisweiler: S. XII. 13 Auf der Höll, im Rag, im Ring, Burghaide, Frankenburg?

Gommersheim: S. IX. 5. am langen Stein; X. 5. Büschel neben der Straß; 6. auf der Heerstraß; 7. Heidenstock, Teufelswiese, im Büffel, Büschel, im Beuraus, auf den Burtwiesen, der hohe Weg (und 1896 genannt)?

Großfischlingen: S. XI. 2. Schloßäcker?

Kirrweiler: S. IX. 10. Am Galgen, Burgwiesen, am obern Schloß, Kans, im Steingebiß, am Diebsweg, auf der Hochstatt?

Knöringen: S. XII. 11. In der Schanze (Ist dort noch eine Befestigung sichtbar?)

Marlheimer: S IX 10. Gerstebühl; 11. im Eizum, in der Leber, im Bobig, Spielfeld (gesprochen Spelwell) X. 11. heiligen Gasse, heiligen Berg, Forst?

Roschbach: S. XII. 11. Langen Stein?

St. Martin: S. IX. 11. Heidenwingert; X. 12. Heidelbergell?

Venningen: S. X. 9. am langen Stein zwischen Venningen und Duttweiler; 10. Steinbruchweg, beim langen Stein, zwischen Venningen und Edesheim?

Weiher: S XI. 13 Hinkelberg?

Mittelhaingeraide: S. VIII. 12. Kalmitt, alte Steig, Kanzelkopf, Stuberbildkopf; 13. Judenkopf; IX. 12 Büffel; 13. Roschenberg; 14. Kielenkopf; 15. Kühnel, Vollmersberg; 16. Boll, Lotsch, Suppenschüssel; X. 13. Hülsberg, Rasselberg; 14. Rietem.

Frankenberg; 15. Hermesthal; XI. 12. Jmsbel, Ungeborn; 15. Heidenweg?

Canton Landau.

Arzheim: Was bedeuten die Namen: 8. XIV. 12. dürre Almäl, Gerstling, Felsbohl; 12. am Rauweg, Heidenweg, Alten-weg; 14. Raser?

Birkweiler: 8. XIV. 12. am Heerweg; 14. Sauweg, Goldgrube, Almäl?

Bornheim: 8. XIII. 10. Im Plohgarten, Steinkrogewann?

Dammheim: 8. XIII. 10. Langer Stein, Waldstraße?

Eschbach: 8. XV. 15. Heldecker; XVI. 14. Rauweg?

Essingen: 8. XII. 10. Unter dem Grasweg, im Lager; XIII. 9. Ober dem Teufels-graben, hinter der Burg, Bormberg; 10. In der Heerstraße? (Wie weit er-streckt sich diese Bezeichnung?)

Frankweiler: 8. XIII. 13. Stahlbühl, Katten-acker, Häselberg?

Göcklingen: 8 XVI. 14. am Steingässel, im Herrn?

Gohramheim: 8. XIII. 12. Obere Affoller, Münzberg, am langen Stein, Hof-acker; XIV. 12. Almäl, Oberer Stein-weg, Heidenweg?

Herxheim: 8. XVI 7. Herdweg; 8. Diebsweg; am Altweg; XVII. 8. Herrenweg, Langgasse, Herweg?

Herxheimweiher: 8. XVI. 6. am Altweg; XVII. 7. Gegwald, Ochsenweg?

Jlbesheim: 8. XV. 13. Ringlöcher, auf der Naser, Kahlmütter; 14. am Butsbel?

Jnpflingen: 8. XVI. 11. am hohen Stein, hoher Steinweg; 11. im großen Ring, Osabbach?

Jnsheim: 8. XVI. 10. Böhl, Galgberg,

Hohenstein; XVII. 10. in der Höll, auf den Heidenäcker?

Landau: S. XIV. 11. Speierer Schänzel?

Lehnsweiler: S. XV. 14. Höhenwiesen; 15. hohe Straße? Wo ist der Pfaffenborn, wo der Höheweg bei Krinsweiler?

Nörrheim: Was bedeuten die Namen: S. XVI. 12. im Kreuzpfähl, Kreuzhäbel, Heidenteich T. Königsweg, im Schelmen; 13. auf Isern, Isernberg.

Niederhochstadt: S. XII. 8. in der Schanze, Dietelsberg; XIII 8. Gnadenwasser?

Nußdorf: S. XIII. 11. Zu den Bobwiesen, Hundsrück, am Steinweg; 12. Eselspfad, Drehstein?

Oberhochstadt: S XII. 9. im oberen Mittelbühl (neben Mittelbühl)?

Offenbach: S. XIV. 8. Auf dem alten Weg; XV. 8. Auf dem Sohlweg; XVI. 9. Gilberberg, Galgengruben?

Queichheim: S. XV. 10. Gergert? Wo ist das Heidenloch?

Rausbach: S. XIV. 14. Eselspfad, Heidenweg, Mauer?

Wollstein: S. XII. 11. Gilberberg, Langenstein (Wie sind derselbe aus?), Wo ist der Hollerbusch?

Wolmesheim: S. XV. 12. Bibis, Neuberg (neben Neuberg); 13. Lauffert?

Bezirksamt Ludwigshafen.
Früher Kanton Mutterstadt.

Assenheim: Was bedeuten die Namen: S. IV. 6. im Ring, Gilli (Guß)? Wie weit erstreckt sich der Name, am Steinweg, der auch bei Dannstadt vorkommt?

Böhl: Ist die 1370 erwähnte Heerstraße nach Speier? Was bedeutet S. VI. 4 in der Kellnerloh?

Dannstadt: S. III. 5. Nordwest. v. Dannstadt

sollen Hügelgräber gewesen sein, doch wäre genauere Ortsangabe erwünscht.

Friedheim: N. L. 2 Burggewann? zeigt die Flur, in Gewannen Spuren einer künstlichen Einfassung z. B. Graben. Wall?

Ochsdorf: Was bedeuten die Namen S. IV. 6. im Ring? (unterschieden von dem Assenheimer Ring), S. V. 6. Glockengewann, im rothen Meerl? auf dem Spielberg eine weite Aussicht?

Iggelheim: S. V. 6. Heergraben; VI. 5. Ollingsgraben?

Ludwigshafen: S. L. 1. Kriegswedel?

Maudach: S. II. 3. Sind oder waren Hügel auf den Leiermwiesen? S. L. 3. Wie weit sieht man es am hohen Weg?

Mutterstadt: S. L. 4. Stand auf dem Limburg Mauerreste im Boden? S. II. 4. Woher der Name, im Nedartsfeld, Schilderberg? S. III. 3 Wohin führt der Burgweg? Agentenpfad? 4. am Abrahamsberg?

Ruchheim: Was bedeuten die Namen: S. I. 2. am Heuweg; II. 2 Eiterbühl?

Neuhofen: S IV. 2. im Kirchhof, beim unholden Baum?

Oggersheim: N L. 3. Bruchgärten, der Schelmenberschel, Altstadt u. s. Oggersheim? N. L. 4. die Flur Ueber der alten Straße, liegt an der römischen Straße. S. L. 2. hoher Weg. s. Maudach; 4. Was wird über Herkunft und Zweck der Schanz zwischen Oggersheim und Maudach erzählt? Galgenbudel?

Rheingönheim: S. III. 1. Kann in der Birk eine Befestigung gewesen sein? Schanzlöcher? Richtung und Verlauf des Hohenweges? Woher der Name Öhsenpas III. 2?

Ruchheim: S. I. 1. Auf der Pfaffenstraße, Wisengraben (Wiesengraben)?

Schauernheim: S. III. 6. Am langen Stein noch ein solcher vorhanden?

Bezirksamt Neustadt a. H.
Kanton Dürkheim.

Bobenheim: Woher die Namen: N. II. 10. das Bäßel, aufm Büschelberg, Goldberg, in der Trant, im Wobel, Grasweg?

Dackenheim: N. II. 8. am Pfahl?

Deidesheim: S. I. 8. am Bruchbübel, S. II. 8. am Kirchhof; 9. im Herrgottsader, im Gehen; IV. 10. Heidenlöcher, Michelsberg?

Dürkheim: S. I. 9. Auf dem Michelsberg, Herrnader (Sage?), im Bruch; 10. hinterer Spielberg, An der Sälzmauer; II. 9. Frankenweide? Wie weit geht die Bezeichnung „hohe Straße"? (1894 wird eine „Heerstraße" erwähnt); 10. auf der Burg?

Ellerstadt: S. II. 6. am alten Schloß, Hohenweg; 7. im Rug, auf der Burg?

Erpolzheim: N. I. 8. am Goldberg?

Forst: S. III. 9. im oberen Deltz?

Freinsheim: N. I. 8. im Sterne?, im vorderen Warmberg, am Grasweg; 9. in der Heerstraße, im Reipel, im Reidig, Rauhköllopf; II. 8. am Goldberg, auf dem Heerstall, im Udlande, am Langenstein (gegen Ebertsheim); II. 9. Vor der Heerstraße?

Friedelsheim: S. I. 8. Feuerberg; II. 8. hohe Straße?

Gönnheim: S. II. 7. Polader, Schelmengewann?

Herxheim: S. II. 11. Fünfguldenberg, heurige Köpfchen?

Herrsheim: N. L. 9. im Raterloch!
Rohstadt: K. L. 8. Schelmenacker um 1430, am Rabnert (wahrscheinlich Rappenort)? Wo ist der Flur im Dipperich bei Rohstadt?
Niederkirchen: K. IV. 8. Schloßberg!
Obersheim: K III. 7. im Peterich, im hohen Berg; IV. 7. Morlachgraben! Wer am Kirchhof zwischen Obersheim und Karlsruher ein Handel!
Ungstein: K. L. 9 Weilberg!
Wachenheim: 1280 herostrate; Herdweg, der alte Heidenweg im 15. Jahrh. K. III. 9. am Obenthal!
Weisenheim a. Berg: K II. 10. am Staudenstein, auf der Burg!
Weisenheim a. Sand: N. II. 7. im Heidenfeld, 7. Schreuzenberg, im Reiland, Handtkirche; L 7. am Altenberg, am Heidenfeld, am Goldberg, Holzwiese!
Wald: N. L. 10. Münchberg; 11. Peterstapf; 12. Krummholzerstuhl; 13. toter Mann; 15. Alte Schanze (wie beschrieben!) II. 11. Bahnweld; K. L. 10. Wellach, Ringmauer, Teufelstein; 11. Klaustopf, Schlawinerberg, Schlößel; 12. am Keller, Rehnfeld; 13. Bellenscheid; 16. Zwergberg; II. 10. Ebersberg mit Resten einer Mauer (Näheres Studien III. S. 41), am Rundharterhof; 11. Hardenburg, die Klausen, Brett; 12. Raubwald; 13. Schwarzerberggoll, am Tempel; 14. Einsiedel; 15. Ronopel, alte Steige; 16. Ungeheuerdell, alte Schanze (wie beschrieben!). Handsäldelsdell; III. 10. Tilmühl, Heidenlöcher, Knarhang, Rudelruh; 11. Gesenthal, Feuerplatz, Borenberg, Ziemerberg, Krimmhang, Martenthal, Dintelsteig; 12. Planken; 13.

Teufelshelle, Ginsterberg; Gottesackerdell; IV. 12. Zwinger, Laubentux, Bollenberg, Silberthal; 13. Drachenfels, Hollänberweg, Friedrichsbrunn, Rabenbrunn; 14. Pfaffenkopf, Verben, Rahmweg, Hofleseld; V. 11. Denlenthal; 12. Alte Schanze (wo R noch vorhanden?), Hermannskopf, Joppenholz; 13. Rubebach, Zwerlenbach?

Amter Neustadt.

Duttweiler: Aeker die Namen: 8. X. 8. Schelmengewann, auf dem Hochweg (schon 1470 erwähnt), im Burggarten, Der alte Hochweg, Unter dem langen Stein?

Edthal: 8. V. 15. Michelsberg (nichtlich bei Edthal)?

Frankweil: 8. V. 14. Untere Frankweiler?

Geinsheim: 8. VIII. 4. Im Büschel (Wald); IX. 7. Teufelswiese (Sage)?

Gimmeldingen-Hohlach: 8. VI. 10. Reulet, Burg, (Heidenburg) mit den Grundmauern einer alten vieredigen, vielleicht römischen Beseitigung.

Haardt: 8. VII. 10. Hulbrum; 11. Schanze (wie beschaffen?) Burgweg?

Hambach: 8. VII. 11. Im Kaiserstuhl; VIII. 10. Römische Weiden, Alter Weg, Hoher Weg; 11. In der Birk, im Spielfeld, an der Schelmengasse; am Schlüsselberg? (1470 Alte Straße, Schelmgasse, Schelmergasse.)

Haßloch: 8. VI. 6. Der hohe Döhlerweg; 7. Gallweg, (amen bohin weg, 1386); 8. Löwenfeld, Über den hohen Weg, am Bargenstein; VII. 6. Am Schindweg; 8. Am Esligberg?

Königsbach: S. V. 9. Heldbühl; 10. Burg-
hof, Jbig?
Lachen: S. VII. 9. Auf den Sandhuben, am
Schängel bei Speierdorf, 8. Wallbühl;
VIII. 8. Hochweg; X. & zwischen der
Alsstraße und dem Bedenstein?
Lambrecht: S. VI. 13. Deutelstein, am
steinernen Tisch?
Mecksheim: S. IV. 7. 1386 Heerstraße; V. 8.
Spielberg? Bolen und Bühl häufige
Flurnamen.
Rudbach: S. VI. 10. Heldenfeld, altes
Schloß; VI. 8. Schreinshausen,
Bolen; 9. hohe Weg, am steinern
Held, Rothenstein?
Neidenfels: S. V. 14. Schanzenberg?
Neustadt: S. VII. 11. Was für eine Schanze war
nördlich von Neustadt?
Ruppertsberg: S. V. ? 10 Schloßberg; 9.
hohe Burg. In der Gemarkung von
Ruppertsberg wird 1234 ein District, in
den Hochmaren genannt, Mönch-
maxer?
Weidenthal: S. IV. 15. Sippeneck; V. 16.
Heidenkopf, Mittlere Frenken-
welbef
Wald: S. V. 11. Mauerweg, Joppen-
hals; 13. Goldbrunnen in Neiden-
fels; 14. Bechertal, Becherhöhe,
Schlangenberg, Schlangen-
brunnen, Rauhfelsen, Zigeuner-
kopf, Spitzenstein berg, Herren-
tisch; 15. Bintel, Kaltenkopf,
Michelsberg & Kessel (besehtigt?); 16.
Ralfenrain, Heidenkopf, Heiden-
brunnerberg, Dreibrunnerklause
Bremenes, Rumpelsloch, am
steinern Kreuz; 17. Tegeles; 18.
Kriegeres; VI. 11. Weinstel,
Brandl. Nannenthal; 12. Faden-

fenş; 13. Schortenberg, Würgen, Haspel; 14. Dansberg, Bederthal, Dezembefen; 16. Grabsiegel; 17. Franzosenhouse, Abrahams-brunnen, Schloßberg (Sud bei Beschiegungsorte?), Nordkommer; 18. Oselberg, Oselstuhl, Oselkopf, Oselbrunnerhald; 19. Weiteri-berg, andrei Steinen, Eulenbach, Riesenberg, Bleshlieser; VII 12. Königsberg, Heidenloch, Stenzel; 13. Heidenbrunnen, Bischofstuhl; 14. Jplesthalerhona, Schloßberg, Kropfs-berg; 16. Hertel (Orich). Elheld; 17. Nordkommer, Nordkommerloch, Müllbach, Müllberg, Römerhalde; 17. Blastülb im Albert, Kurfürsten-stuhl, VIII. 12. Palmitt, Bildbaum-hang; 13. Texfelslehl (Sage?); 14. Belsweg, Argenbach, alte Steig; 16. Pfassenech; 17. Bienenberg; 18. Brogberg (Bomberg?), Heidedell; 19. Herlereds

Bezirksamt Pirmasens.
Kanton Dahn.

Bundenthal: Bund am Rothelfelsen S. XVIII. 21. noch Beschiegungsorte? Woher der Name S. XIX. 21. Schelmenhedel Birb S. XX. 21. am Mäuerlein und Mauerreste vorhanden und wie beschaffen?

Busenberg: Wot befindern die Namen: S. XVII. 20. Heidenstuhl; XVIII 20. An der Straße, Drachenfels (Sage?) Heidenberg?

Dahn: R. XVI. 22. Heidenhalde; XVII 21. Heidendell; XVIII 20. im Ketschel; 23. Fahlendell?

Erkenbach: S. XVIII. 19. Schelmensa;ent

Fischbach: S. XIX. 23. Schelmenäcker

Hauenstein: S. XV. 19. Heldebudel, Wacht-
felsen; 20. Burghalde, Burgfelsen?

Hinterweidenthal: S. XIV 22. Nauerader; XV.
23. Heldenhübel?

Rathweiler: S. XX. 21. im Heldenthal; XXI.
21. Hengenthal (Drumenthal?)?

Rumbach: S. XIX. 22. im Hagelmenteich? XL.
23 find dem Keffelfelfen, Keffelweiher
nach ... und wilder?

Schindhard: S. XVII. 21. Gärten gegen die
Burg, am alten Weg, Heldenhübel?

Schönau: Was ift S. XXI. 24. am Schanzberg
noch zu fehen?

Wald: S. XIV. 20. Siebenberg; 21. Raupel;
XV. 19. Dimpel; 20. Himmelspforte;
21. Sedenfchener; 22. Glockenhorn,
Heupertiskopf, am Stein, Soglen-
berg, Soglenkopf, Brand, Bieg-
denek; 23. Heibertftein, Elfaberg;
XVI. 19 Schweinfels, Hahnftein; 20.
Sargenkopf; 21. Wahnersberg,
Lachberg; 22. Gerkel, Kauerl; 23.
Hollauf, Lichtenberg, Mehrsberg;
XVII. 20. Löffelswath, Haudenlach,
Bubftein; 21. St. Michael; 22. Kroh-
bruch, Wachtfelfen, Linadiger
Teich, Schädelfels; 23. Delmets-
hübel; 24 Kalefakopf; XVIII. 18.
Todtenkopf, Heidenberg; 19 Kreuz-
ader; 20. Drachenfels, Rumpf,
Kranich, Heidenberg, Blauel; 21.
Kauren; 22. Dehelftein, (Rödel-
ftein?) Drellsberg, Abfahalde; 22.
Preußenpfad, Todtendell, Kenn,
Illsborn, Heidenek; 27. Fifchbrett;
25. Schwarzpfuhl, Ebel, Rad; 26.
Zigeunerfels, Seifenberg (Biefen-
berg); XIX 19. Hollus, Keffelberg,
Schanzköpfe, Judenfelfen, Portbach;
20. Schelkopf, Judenhalde, Kün-

halde, Inschelteich, Bremelsberg, Pfaffenthal; 21. Gengenbächen; 22. Gansselberg, Burgerwald; 23. Rumberg; 24. Gamsberg, Schlangenthal; 25. Helmersberg, Spergenthal, Böhmische Gärten, Fadnerhang, Ruanlöpfl; 26 Biesenberg, Brand; XX. 19 Rellened; 30. Buhelhalde, Peterbok; 31. Altschbach, Bennswäldchen, Belsenberg, Mauerle, Ubichthalde, Rödern; 32. Ruhnenlopf, Schlüsselfelsen, Schwobberg; 34. Reselsberg, Filtschened, in der Schanz; 35. Hofstatt (Nachsicht b. Ludwigswinkel, was ist dort noch zu bemerken?) Flobenberg; 37 Königsdelle; XXI. 19. Warzenbach, Renan, Lässelskrenz, Ulschberg, auf dem Probstberg ist im topog. Atlas ein fünfeckiger schwarzartiger Grundriß eingetragen; 20. Brand; 22. Welscher Brunnen, Begelnburg, Sindelsberg; 23. Jundelsberg, Pfaffenfels, Bruderfels, Dichtenberg; 24 Schanzberg, Raimond; 25. Hucharshere, Hohlefels, Zigeunerfelsen?

Kanton Pirmasens.

Banstedert: Was erzählt man von den Namen: S. XI. 26. In der Burg, hinter der Hochgasse, in der Diems, Orleberg; 27 Biberberg?

Eppenbrunn: S. XVIII. 20. an der Neß, (Nch. T.) Senge Chnung, am steinernen Ring? (N am Brunnen)

Fehrbach: S. XIII. 21. Luttelbrunnen, Chnung, auf dem Sifflen; 27. hoher Grenzstein? (am Wege v. Fehrbach nach Pirmasens)

Gersbach: S. XIII. 28 Elsberg; XIV. 28.

Auf der Sang, Hohrehl; 29. Breitijitters?

Olm: S. XVIII. 29 XII Schloß, Blauell?
Hühnerhofstolz: S XIII. 29 Heldenhofstolz Wie weit geht die Römerstraße? Wie viele Grabhügel liegen im Gittersenwald? Was bedeutet der Name: Illsitters? Sind am Kajselskopf Reste einer Befestigung?
Hitzelbach: S XII 29. Troxidwalochen; 30 Hühnerbronn, Hansenbusch, (Handjenbornwald? Wie viele Grabhügel sind noch daselbst?) Morlesthal?
Klausen. S. XI 25. Dietersberg?
Kröppen: S XVI. 22. Lutherbrunnen? 30 Wie viele Grabhügel sind noch im Stanßteinerwald?
Lemberg: S. XVI. 27 Wie weit geht die Benennung hohe Straße und ist dieselbe als alte Römerstraße zu erkennen? XVII 28 Wie ist die Schanze beschaffen?
Münchweiler: S. XIII 24. Woher der Name: Schelmentanz?
Rinschweiler: S XII. 26. Lohberg; XIII 30. Kellerstamm, Udelbusch? (Wie viele Hügelgräber sind noch in diesem Walde?)
Pirmasens: S XIV. 27 Iller Stall, am Horeb? Wo ist oder war an der Schanz zu sehen? ebenso XV. 27. Schanze? Wo ist der Holderstock in Pirmasens?
Rodalben: Was bedeuten die Namen: S XII 27. Horberg, Eulenstein, Hottersbach, Schlangenberg?
Schmitz: S. XVII 30. An der Ringmauer?
Sinzen: S XV. 27. Heldenkopf, Olischendelle; XVI. 28. Hofstall?
Thaleichsweiler: S. X 26. Rosenköpfchen; XI. 27. Kriegswald?
Windsberg (Windsberg). S. XIII 30. Auf dem Budert; XIV. 29. Am unge

henten Grund, Biberellen, Harz-
brunnerwald?

Winzeln: 8 XV. 28 Auf der Steinmauer?

Weib 8. XII. 24. Birlwies; 26. Ellsa-
berg, Ulmersbach; XIII. 24. Kargel,
Orlobberg; 26. Gelbelsbach,
Gemmersthal, Hungerpfuhl; 27.
Borenfelsen, Wühlangenbach; XIV.
22. Welmersbrunn; 24. am Baum-
keln, 25. Urias, Grethhal,
Blämschache; Judasschel; XV. 24.
Schiffelstopf, Brand; 25 Uemschel,
Hummel, Platteck, Ringstein,
Zigennerbrunnen, Rühpfähl; 26.
Kremmel, Bollmel, Gengelsberg;
XVI. 23. Diethenberg; 24. Kloster-
brunnen, Steinerne Bräde, Teufels-
stuhl, Teufelstisch (Beschreibung?),
Platteck; 25. Leichtwelsterch,
Hühneren; 26. Rumberg, Bumbel-
berg, Schimmelbach; 27. Walden-
burger Ed, Rübelwang? Wie weit er-
streckt sich die Bezeichnung hohe Straße?
28. Gezwäng, Hospelfelfen? Ist der
Heuweg eine künftlich gebaute Straße?
XVII. 24. Dietrichsfeld, Storrbach;
25. Triftelanichen, Husarenheide,
Fleckstein; 26. Blacksbrunnen,
Grafenfelsen, Langhöhle, Dübels-
berg? Was ist an der Schanze noch zu
sehen? 27. Rausbächel, Saustald,
Tobenbach; 28. Franzosenkopf; 29.
Heidenlay'; 20. Ellsbach; XVIII. 25.
Bad; 26. Dobellsk, Heuweg; 27.
Eselsteig, Dusel; 28. Kelmered; 29.
Willschloß, Teufelstisch (Beschreibung),
Rummeredt, Rothrummered; XIX.
27. Rummelstopf, Hölle (Sage?),
Prechtrant, Belschlornberg, Husa-

rene&, Rottmannsrod; 29. Laichweiher, Städenbach. Ormsgel. Kaleley, Schwarzerdl

Canton Waldfischbach.

Geilelberg: Was bedeuten die Namen: S. VIII. 24. Heidenhübell

Hartberg: S VIII 23 Heldenlornbergl

Hellersberg. S. VIII. 24. Heidened; IX. 24. Auf der Mauerl

Hermersberg: S VIII. 26. am Todtenweg, Teufelsthal (Sage?), Heidenäcker pfad; IX. 26. In der Mauer? Was ist aber nun auf der Schanz zu sehen? Einsprechung der Hügelgräber bei Hermersberg erwünscht.

Horschberg: S. IX. 28. Woher die Namen: Tempel, Thiermoosgereid; IX. 29. Altenwerg, Schloßwald, Schloßfels?

Hettenhausen. S. VII. 28. am Heidenfels, 29. Heidenkopf, an der Steinmauer zu Scharhof und Erlenmühle?

Hügiened S. X 27. am Heidenkirchhof, Römersleist Nach dem Intelligenzblatt d. Rheinkreises v. 1821 S 754 sind Grabhügel am Schloßberge und im Walde Seiters ist noch die gepflasterte Römerstraße sichtbar Woher kommen die Namen: XI. 27. auf dem Schloß. Dietenberg, Schimmelpfuhl; 28 Dorf?

Horbach: S. VIII. 26. Schellenberg (befestigt?).

Mausen: S. XII. 25. Tempelberg?

Helmeu. S. X. 30. an der Schanze; 22. Schanze auf dem Köpfel; XI. 22. Am Schelmenfraul. Ringelsberg?

Morzalben· S. XII. 23. Heidenhof, Heidenäcker, im Heidengarten, am Söhengraben, in der Badstube?

Saalstadt: S. VIII. 22 Burggraben?

Schmauerberg: Wo find Hügelgräber in der Nähe?

Schmalenberg: S. VII 24 Pfundel? (Pundelle?); VIII 22. Schelmenhald; 23. Reiterfohlen, Dungen, Roraphaist?

Schopp: S. VII. 23. Obere Wiese?

Sielvalben. S. IX. 26. Wo ist auf der Schanz noch zu schrei? Was an der Steinmauer?

Waldfishbach: S. X. 23. Helbenberg, am Schwarzbach beim Wachenhammer? 26. Onalersberg?

Wallhalben: S. VIII. 23. am Heldenkopf ¼ St. westl. vom Ort? Nach der Gerichtsbeschreibung des Amtes Wallhalben vom Jahre 1531 ging die Gemarkung von Andersbach VII. 23. den Buch hinauf bis zur Furth an der Mühle, sodann in die Wolterbach bis an den Buchborn, hinauf an die Straße, an den Wahl- oder Ederborn und den Gebilde-Stein; unter Gebildestein war vermutlich ein Stein mit einer bildlichen Darstellung und verdient gesucht zu werden.

Weselberg: Woher der Namen: S. IX 23. Wahlenkopf? (Sage? Befestigung oder Gruben sichtbar?)

Ickelberg: S. VII. 27. Auf die Spitz?

Wald: S. VII. 23. Höllgen, Trauterfohl; 24. Trautmannsberg, Rumpf, Pfundel; VIII. 23. Schauerdelle, Schelmenhald, Wilhelmsed, Gared; 24. Kreutzerwoog; 25. Klemmerhald, Kronenhalde; IX. 20. Dellersberg, Sachsenbühel, Teufelsloch, Kapitänshütte, Badischlöpfchen; 21. Teufelsstein, Schneiderfelsen, Rumschel, Schlangenhalde; 22. Steinhübel, Hahnenberg, Russencoupe; 23 Agentenkuppe, Welscheken, Reiterköpfchen, Hundsberg, Hundsweiser Coup, 24. (Ausgrabung der Hügelgräber im Duhuenkopf oder am Hundsberg erwünsch!) Kampf; 25. Ingbrunnerhalde, Gemerk; X. 21. Remmelerkopf, Heuweg; 23. Steinbrunnered, Hermersberner Coupe, Hermerskopf; 24. Heldeck, Hasenleiter, Hampeler, Bockenbau, Bodgasserwald; 25. Galgenberg; XI. 20. Hortenkopf, Jud. Pfaffenläutchen; 22. Norkined, Kipplapf, Ringelsberg, Binschert; 23. Gumschel, Galgenborn. Georgenhald, am Ringelsthale, Bräkel; 24. In den Häusern, Alterhas? Heldelsburg oder das alte Schloß, eine hütträmsche Befestigung. Woher die Namen. 23. Orlebrunnen; XII. 20. Husarenbrunnen, Otterfelsen; 22. Petershütte, Wartenberg, Grafenstein (Ruine); 24. Kellersbüchel, Blattheide?

Bezirksamt Speler.

Bergheusen: S. X. 2. Wann ist die Schanze auf dem Schanzelfeld errichtet und wann befestigt worden?

Dubenhofen: S. VIII. 3. Was bedeutet der Name Heldengarten; IX. 2. im Böbig; IX. 3. Lagerbed? Die Bezeichnung am langen Stein findet sich südlich bei der Spierbach-Brücke am Weg nach Harthausen, und ein zweitesmal am Weg nach Bergheusen in der Nähe der Spiererbergsägen, jetzt sind keine großen Steine mehr dort; ist eine Erinnerung an dieselben noch vorhanden?

Harthofen: S. VIII. 4. Woher die Namen: Heldengraben?

Harthausen: S. IX. 4. Rodenberg, Unter dem Teufelsgraben (Sagr?). Steinbrückenschlag; X. 4. im Viett? Im Buschel S. IX. 4. ein Wall oder Graben bemerkbar und wie weit wird der Name Heidenstraße gebraucht?

Heiligenstein: Die römische Straße von Speyer über Berghausen nach Oetigheim, jetzt Landstraße, wird als Hochstraße bezeichnet. Wann wurden die „Römerhügel" in der Jägerhütte S. X 2. eingeebnet? Rottenberg? Sind oder waren Hügel im Leyergewann S. X 8?

Mechtersheim S. XI. 3. Wie weit wird der Weg nach Schwegenheim Kreuzstraße genannt? Wie ist das Schänzel bei der Eerbrücke gestaltet?

Otterstadt. S VI. 1. Die Flurn Alte Straße' Alte Stratzgewann, verdanken der Römerstraße von Speyer nach Worms ihren Namen, dienste die Kieselädcker, in welchen die Straße gebildet oder noch in dem sonst kaulosen Felder an den gehäuften Kieselschichten erkenntlich ist, aus denen der Straßenbau herausgestellt war. S. VI. 1. Welcher Weg wird durch die Flurnamen: im langen Hochweg, im breiten Hochweg bezeichnet? Was bedeuten die Namen S0. VI. 1. in der Goldgrube, im Rosenthal?

Schifferstadt: S. IV. 3. Rauchbusch; V. 3 Briesgarten, Burggasse; V. 4. in der Petersstadt (Ottestadt?)? Welcher Weg heißt hohe Straße? Trug der Schellenberg S. VI. 4. bei Kleinschifferstadt eine Befestigung? An der Schanze S VII. 3. im Oberwald war eine Oertrichischer Schanze von 1792.

Speyer: S. VII. 1. War im Schanzel hart an der Straße nach Dudenhofen früher eine Befestigung? der Platz liegt gerade an der Grenze zwischen Speyerer und Otterstadter Gemarkung; S. VII. 2. Was bedeutet der Waldneuer, der Ranu; S. VIII. 1. Am Rohsprung, am Rensberg; S. Am rothen Turm? Wo am rothen Turmweg früher ein langer Stein? Woher die Namen Burgfeld und Burgweg, an der großen Schanz zwischen Speier und Dudenhofen am Berg längs des Woogbachs? Goldgarten in der Waldabtheilung Junglöcher; S. IX. 1. an Schelmentrappen zu Speier und Rheinhausen? S. IX. 2. im Rothschild, der schwarze Schneider, Turm, hohe Sellen?

Waldsee: SO. V. 1. Hermerot, Dittloch, an der Burg, Burgloch? Hier stand wahrscheinlich die im Jahre 1849 von den Speirern zerstörte Burg Mahlerloch, an deren Name noch das Mittelbergerwann erinnert; S. V. 1. Goldgrube? Wie weit ist der Name Hartweg gebräuchlich? ist derselbe fest gehen? Desgleichen der nach Norden gehende Hochweg? In der alten Straßgewann liegt an der Speier-Wormser Römerstraße.

Bezirksamt Zweibrücken.

Kanton Mischbach.

Ein beigesetztes M bedeutet, daß die Namen der Abhandlung von Mehlis „Flurnamen der Rheinpfalz" im Anzeiger für Kunde der deutschen Vorzeit 1879 Sp. 292—294 entnommen sind.

Mischbach: S. XII. 38. Wie ist die Schanze ¼ St. nordöstl. von Mischbach am Rande des Mischbacher Stadtgewanne beschaffen? Was bedeuten die Namen: S. XII. 39. Raumicken, Hobelter, Geselter, Bedelsberg, XIII. 38. Herrenweg, Helmeter Klamm?

Ilwesker: S. XIII. 40 Hanes, Heidewies?

Ballweiler: S. XIII. 30. Heiligenacker bei Bedlingen, Winterholz; XIV. 39. In den Goldstücken, im Altdorf?

Bobelsheim: S. XV. 41. Im Heidenkeller; 42.

im Heidenkopf, hinter der Hunacker, Sauernacker; 43. Geld?!

Auerbach: S. XI 37. Auf der Schanz?!

Biflingen: S. XIII. 39. Osterberg?

Bildweiler: S. XIII 38. Heidenhübel, Gitters, im Todteneck; 39. Rider?!

Bliesmengen: S. XII 38. Am Gelkenstein K. (Gelkenstein in Eltern Filtern), Judenberg, auf der Kobl?

Blumenegen: S. XV. 42. Auf dem Silberberg, XVI 43. An der alten Mauer?

Erschweiler-Eiglingen: S. XIII. 40. In der Ounen K. (Eine Mine: Ohneren); XIV. 40. Brandstauden, Hölzberg, Fotenacker?

Gersheim: S XVII. 39. Italiger Wies; 40. Heidenhübel auf die Bach?

Habkirchen: S. XVII 41. auf Schwarzenacker?

Herbitzheim: S. XV. 39. Hexnkel?

Hanßkirchen: S. XI. 38. Auf der Schanz (was vor dort zu sehen?), am Todtenköpfchen, Klingelberg; 39. Judenbert (Wall), die Breit (Wall), Genshorn (sind dort im Genshorn noch Reste einer Verschanzung und welche?), Littlingen, Halbbatzenfeld?

Niedergallbach: S. XVII. 39. Todtenkopf, am Buschel, 40. auf Hammerich? (Osterwiese, Horres, Reischzart, Leichenbrunnen K)?

Niederwürzbach: S. XI. 40. Samberisberg, Hennesberg, Franzosenkopf, Ilkerkopf; XII. 40 am Heidenhügel, in der Kugel, Gelsenthalerberg?

Ormesheim: S. XIII 41. Bettel; XIV. 41. Kasselberg; 42. auf dem Herrberg?

Reinheim: S. XVII 40 Heidenhübel, im Lager; 4. am Judenkirchhof?

Rübenheim: S. XV 40. Burgberg?

Wittersheim: S. XV. 41. in der Hofstatt,

Wallenborn, am Ronnenberg, Höll? Wie weit geht die Benennung Steinstraße?

Würschweiler: S X. 37. Woher die Namen: Todtenmannsthal?

Welscherhahn: S. XIV. 30 Schloßberg (mit römischen Grundmauern), Rappelwald; XV. 30 Marschelbach?

Canton Hornbach.

Althorn: S XV. 30. auf dem Berge Mück soll eine Schanze sich befinden. Was bedeuten die Namen: Auf der Letz (Sind dort schon Hügel?), in der Wallenbach, auf dem Lager, auf dem Heldenhübel, Rohrsitters. (Osterfeld, heilige Berg, heilige Garten, Welschberg M); 37. auf der Wart?

Althornbach: S. XIV. 34 Lagerberg, Schmalschett, auf dem Horkel, am Hochgericht, Zingelthal, im Walstell?

Bließhalbach: S. XV. 32. Steinhübel; 30. auf auf der Letz, Petersberg?

Böckweiler: S. XIV. 36. Welschberg, (Unserstraße, am Letz. M); 37. am Hellenberg?

Bottenbach: S XIV. 80. Ulberhöhe, Osters. Lombach? (auf der Heiligwiese, am Osterwald (Entenbühl) Hengstbühel, Harsbach M)?

Brechfurt: R. XIV. 36. Fahrenwald, Gettersswald (bei den langen Steinmachern M.? Steinhübern? OK.)

Breitschelbach: R. XVI. 35. vorn am Heldenkopf; 36 Leegen (Seh'tern? OK.), Birkel m. Althorn und Breitschelbach (Osterfeld, heilige Thanne, an der heiligen Wiese, auf dem Lager, Pfaffenberg, Pfaffenhehl. M)?

Dietrichingen: S. XIV. 33. Sälz, (Osweilerhof, an der alten Straße, am alten Weg M)?

Großsteinhausen: S. XIV. 32. Im Welschweilergarten, Hobseiters, Hermersberg, Emmert; XV. 31. Gemehr (Wald)?

Kleinsteinhausen: S. XIV. 31. Herrenbusch, Schenerwald, Märzloch; 32. im Burggarten, (Burggarten?), Gesellwald, (Auf dem Frankenfeld, bei der Sandstraße (jetzt ist keine mehr daselbst) der Schelbach M)?

Mauschbach: S. XIV. 34. Deusenborn, Großfelchen, (Im Plomb, beim großen Bannstein M)?

Rebelsheim: S. XVI. 36. Husarenberg, Alte Schanze (aus welcher Zeit?); XVII. 37. Auf den Heidenäckern, 38. über Thleningen, (entgegengegner Ort?) Bettwies, (am Erzenthal, Haxen, Schelmengrubenweg, Tunelseldt, kleiner Willer. M)?

Reuhornbach: S. XIV. 35. Bedingerwald, (Bettingerhof XIII. 35); 36. Burgerwald, (dort sollen Grabhügel seyn, wo viele?) XV. 34. am Helbenberg; 35. Konrädchen, Teufelsberg, (Ringweiler M)?

Peppenheim: S XVI. 37. Krämer, Gittersberg, Gatersberg, (auf dem Duplen, Hohrechslamm, Teufelsdell, am Ostergarten. M)?

Riedesberg: S. XV. 31. am Piermannsstein, in der Ziegelshaung, beim todten Mann; XVI. 32. Auf dem Dumerid?

Riedweiler: S. XVII. 34. Was ist auf der Burg noch sichtbar? (am Dellrich, Steinhübel M)?

Riedschweiler: Was bedeuten die Namen: S. XIII. 33. Niederöberg und 34. Schillerstuppe bei dem Heffingerhof? Auf dem Heidenkopf, Alster, Rupp,

Glitteres (am Ballerscheidchen, an der Hemich M)?
Seimeller: S. XVI 36 Im Ripperich, Gangenwald. (Egel M)? Wo steht die alte Schanze an?
Utweiler: S. XVII. 36. Was ist auf dem langen Worksteln? Was bedeuten die Namen: 37. Im Geldloch; XVIII. 37. Schloßhübel, (Burggärten, Krewpentrisch, Oerischberg, Oerischbach M)?
Walshausen: S. XIII 31. Faerßel, (Urtelswiese, Heibenderner Dell M)?
Wallheim: S. XVI. 39. (große rohe Verschanzungen, Oßhofen, Todtengang. am Egel M)?

Kanton St. Ingbert.

Enßheim: Was bedeuten die Namen: S. XIII. 42. Ziegelahnung, Ahlstein, Dutteldorn, Halkbrunen; XIV. 42. Hederichsfeld; 43. Schwarzfelder, aufm Krämel, am Lehberg?
Ehringen: S. XIV. 43. Allmend, Gitters, Glittersfeld, Hunnfeld (Hünenfeld)?
Hasel: S. XI. 42. Schloßthal?
Hostenbalheim: S. XII. 41. Hitschelberberg. Undreakrenz; 42 bei dem grauen Dannstein; XIII. 42. am Obberßelns Klamm, auf dem Heldenhübel?
St. Ingbert: S. IX. 42. Wilffrauenthal (Sage?). X. 41. am langen Stein; XI. 42 Schloßthal zwischen Walbott. Rotenkopf und Geierseck 3/4 St. südsl. von St. Ingbert?
Kirkel: S IX. 39. Gengelsberg; X. 38. Steinkammer, Frauenthal, Hultzau?
Oberwürzbach: S. XII. 42. Im Steinäcker?
Ommersheim: S. XIII. 41. Auf der Leh, in der Schanz (wie beschaffen?), Netzelberg?
Rohrbach: S. IX 40. Rottenberg, Franken-

bell; X. 41. Nahlenberg, Dietespfuhl ? (Dienstbach T)?

Wald: S. XI. 42. Gliester Schloß, Schloßberg; XII. 42. Dorkel, Gittel; 43. Vollerberg?

Namen Zweibrücken.

Battweiler: S. X. 31. Was bedeuten die Namen: Allseiterk, am Strang; 31. Schloßgarten? Ist der Name „Römerstraße" beim Volke gebräuchlich und wie weit? XI. 32. am Plattenstein, Göbelstein?

Biedershausen: S. VIII. 32. die Kreuzstraße, (Ochsenweg M)?

Bubenhausen-Grumweiler: S. XI. 36. Woher der Name: Teufelsgraben? Was ist XII. 36. auf der Schanz noch zu sehen? Spranzlberg?

Contwig: Woher der Name S. XIII. 33. am Stadtpfad beim Hohenichbacherhof?

Dellfeld: S. XII. 31. Burggarten, Ring, Geltersmalb; XIII. 31. Wallerscheidt

Groß-Bundenbach: S X. 36. Ohligberg, auf dem Heidenhübel; XI. 35. Dormersklamm; 36. beim Teufelsgraben, Wasserfall, Hungerberg?

Hengsbach: S. XII. 36. Schelmenthal, Rebacker, Heidenhübel, Mörtel, Glockenberg, Hemschenkamm; XIII. 36. Remmling T. (Sammter M)?

Ixheim: S. XII. 34. Auf der Birkelohe (Fundstelle römischer Bauwerk) in der rothen Klamm, Galgenberg, Oselbach? (am heiligen Häuschen, Heiligenberg, —thal M)?

Knopp-Labach: S VIII. 30. Gelters?

Mahnweiler: S. XI. 29. Malet? (Gänserfeld, im guten Tempel M.) Nördlich vom Dörscherhof sind im topog. Atlas

Römerhügel eingetragen; wie viele sind dort noch vorhanden?

Rimbach: S. XIII. 37. Was bedeuten die Namen: Schelmenbach; 38. Gitters, Dagobertsäcker (Pfaffenäcker, am wüsten Thal. M.)?

Mittelbach: S. XIII. 35. Selters Hungerberg, (auf dem Heidenhübel, Ballersbach. M.)?

Niederauerbach: S. X. 34. Reysroh, Schlangenhohl; XI. 34. Burrberg, Heidenkopf, Fülschbach, auf'm Bohr, (am Erzpriesteramt, Selterswald, auf dem Ränchel. M.)?

Niederhausen: S. IX. 31. Hübelwald (Gubert Grabhügel?); X. 32. Am alten Weg, (Taschenwald. M.)?

Oberauerbach: S. X. 32. Heidenköpschen, (Frohnstraße, am Kirchenwald, in den heiligen Wiesen. M.)? Wo ist der Kellersborn und der Sägelsborn in der Nähe?

Oberhausen: S. IX. 30. Auf dem Wellerbaum, Gielswald, Wilhelmskopf?

Reifenberg-Riedselz: S. X. 30 Wie waren die alten Schanzen Mäuch bei Reifenberg beschaffen? Was bedeuten die Namen: Geringelte; XI. 30 Engelsfeld, Peterswald, Kaltenäcker; XII. 30. Im Teufelspfuhl, Heidenberg, (auf dem heiligen Grund, auf dem heiligen Feld, Pfaffenberg. M.)?

Stambach: S. XII. 32. Am Heidengarten, bei dem Rohensteiner Berg, Gerstel, Klingelthal, Gaulsberg, Thringenfils?

Wattweiler: S. XII. 36. Bei der Preußenschanze (Beschreibung?); XIII. 36. Kahler Busch, Am Tempel, Pfaf-

senader, Rauhstein, am Kahlen
busch, am Aachen M.)?

Webenheim: R. XII 37 Christenlamm T.
am Trisch T. (Schelwiesen, auf dem
Charlex, hohen Stein, am Bur-
rech, Babkube M)?

Winterbach: S. VIII. 81. Bart, Höllenkopf.
(Klosterwald, am heiligen Wald M)?

Zweibrücken: R. XL 35 Erbach, (Waller-
schelbach, Rinkel, Rauschenrad, in
der Aden M.)? .